ちくま新書

ふしぎな部落問題

角岡伸彦
Kadooka Nobuhiko

1190

ふしぎな部落問題【目次】

はじめに

　私はこれまでに、何冊かの部落問題関係の本を書いてきた。書き始めたのは、同和対策事業がまだあった世紀末である。世紀が変わった二〇〇二年（平成一四）に、同和対策事業の関連法が終了した。その後、関西を中心に、同和対策にかかわる不祥事が連続して摘発され、〝同和利権〟を追及するシリーズ本がベストセラーになったりした。

　ひととおりそれらの騒動がおさまり、私は部落問題に関しては、もう書くことはないだろうと考えていた。だが、その見通しは甘かった。二〇一二年（平成二四）には『週刊朝日』で部落にかかわる記述が問題になり、マスコミで大きく取り上げられた。ここ数年は、インターネット上に部落の地名や位置を掲載するサイトが登場するなど、部落を取り巻く状況は平穏ではない。部落問題は、まだ終わっていないのである。

　部落問題とは、賤民が集住していたとされる部落（同和地区）の居住者に対する差別を指す。差別は依然としてあるが、ここにきて考えなければならないのは、新たな部落問題である。それは部落解放運動が抱える矛盾だ。

あらゆる反差別運動は、基本的には被差別当事者を残したまま、差別をなくすことを目指している。障害者解放運動は、障害者が障害者のままでいることを前提にした反差別運動である。健全者になることを目指しているわけではない。そもそもそれは運動とは呼べない。民族やセクシャルマイノリティが主体となった運動も同じである。

では、部落解放運動はどうか。歴史的には、他のマイノリティと同じように、部落民が部落民のままであることを前提にした運動である。部落民からの解放ではなく、部落民としての解放を目指してきた。

ところが現実には、部落民であることを公にしている人は少ない。芸能人やスポーツ選手には、少なくない部落出身者がいるが、彼ら彼女らが出身を明らかにして活動することは、ほとんどない。〝部落出身〟という四文字には、いわくいいがたいイメージがつきまとっているからである。

加えて部落出身者は、民族や身体などにおいて、これといった差異がないため、〝同じ〟であることを前提にしたマイノリティである。当事者にしてみれば、他と区別する〝部落出身〟というカテゴリーは認めがたい。それもまた、出自を公にする者が少ない原因になっている。

その意味においては、出自を言いたくない、言う必要がない、隠したいというのは、自然な心理であろう。ところがこれが、結果的に部落問題や部落解放運動をますますわかりにくくさせている。

部落解放運動は、部落民としての解放を志向しながら、「どこ」と「だれ」を暴く差別に対して抗議運動を続けてきた。しかしそれは出自を隠蔽することにもつながる営為であった。部落民としての解放を目指しながら、部落民からの解放の道を歩まざるを得なかった。

差別をなくす過程で、部落を残すのか、それともなくすのかという課題を、私たちは整理できていないのである。現在起きているさまざまな問題は、この部落解放運動が抱える根本的矛盾から派生している、と私は考える。

本書は四章で構成されている。部落（賤民）が解放されるはずであった明治初期から現在までの約一五〇年を追ったのが、第一章である。だれが部落を残してきたのかを、私なりに整理してみた。

特定の人物をひきずりおろすために「部落出身」という烙印が機能し、それを取り上げていた雑誌が売れた。第二章は、『週刊朝日』の記事をめぐるジャーナリズムのあり方について考える。そこには売り上げ至上主義や、安易に人物とルーツを結びつけたり、取材不足のまま物語を構築するノンフィクション作家たちの資質という問題があった。同時に、取り上げられた人物や、その家族が、部落をどう見ていたのかという別の問題も浮かび上がるだろう。

すぐ前にも述べたように、部落解放運動は、部落民としての解放を志向した。ところが現実には、多くの部落出身者は、部落民からの解放を目指し、地名に代表される部落の具体性を明らかにすることを避けてきた。それは運動団体に所属するメンバーも例外ではない。一本の映画の公開をめぐる、運動団体の主張と混迷を第三章で取り上げた。

これまで部落解放運動はどんな取り組みを進めてきたのか。また、どんな成果を上げ、矛盾を抱えているのか。部落を残すこと、それを語り継ぐことが果たしていいことなのか。大阪にある部落を通して、これからの部落解放運動のあり方を第四章でさぐった。

いずれもわかりにくく、とっつきにくい部落問題の過去と現在が見通せるように書いたつもりである。

一章と四章は、敬称を省略させていただいた。

第一章

被差別部落一五〇年史

部落問題には、普遍性と特殊性がある。前者は「どこ」に生まれたかということが、人間には決定的な意味を持つという点である。国家や民族は、この「どこ」を抜きにしては語れない。その意味では出生地の重要性は、普遍性があると言える。

後者はその土地が、賤民とされた人々の集住地域であったとされる、という点である。近代になっても、前近代の身分とその系譜が意味を持ち続けた。世界に目を広げても、上位身分が王族や貴族として残った例は少なくないが、似たようなカースト差別などを別にして、下位身分が近代以降も差別の対象になるのは、あまり例がないのではないか。その意味で部落差別は、特異な社会問題であると言えるだろう。

なぜ、部落と部落民が残ってきたのか。明治維新から現在までの一五〇年を、差別、反差別運動、同和行政、情報化社会の視点から追った。部落問題と部落解放運動の特殊性、言い換えれば〝ややこしさ〟が浮かび上がってくるだろう。

†差別がなければ存在しなかった

自分はいったい何者なのか？　という問いは、歴史を抜きにして語れない。少なくとも私の場合はそうである。

被差別部落民（略して部落民）。あるいは部落出身者――。これが歴史的に見た私の立場である。これ以外にも日本人、関西人、男、自営業者など、いろんな属性があるが、部落民という立場だけは、何か特別なものを感じる。それをひとことで言えば、違和感であろうか。日本人や関西人、男、自営業者であることに違和感はないが、部落民にはある。なぜなのかを考えると、部落民が差別―被差別という関係の中で存在した歴史があるからだと思う。差別を媒介とする、けったいな存在なのである。

数あるマイノリティ、被差別者の中で、部落民だけが差別を媒介とした存在ではないだろうか。たとえば身体・知的・精神障害者、性的マイノリティ、在日コリアン、アイヌ民族などは、差別をされることはあるが、差別がなくても存在する。ひとり部落民だけが、身体や民族や文化的差異があるわけではなく、差別されてきた歴史によって存在するのである。

加えて反差別運動やその成果である同和対策事業が、部落民を残してもきた。近年ではインターネットの普及が、部落の存在を明確にしている。つまり部落民は、差別の歴史を土台にしながら、そのときどきの状況によって存続してきた。

誤解を恐れずに言えば、被差別部落や部落民は、〝あってはならない存在〟である。一義的には、差別があるから残った。逆に言えば、差別がなければ存在しなかった。差別は絶対に、ない方がいい。その意味で、部落（民）は、残るべきではなかった。

他のマイノリティは〝あってはならない存在〟では必ずしもない。あってしかるべき、あるいは一定の割合で存在する。

私が部落民という立場に感じる違和感は、そういったネガティブな存在理由があるからではないかと思う。そこで被差別部落（民）ができるまでの歴史と、そこから派生するさまざまな問題について、私なりに整理していきたい。

†身分制度は廃止されたが……

歴史学においては、近代は一八六八年の明治元年から始まる。明治政府は近代化に向けて、さまざまな改革をおこなった。そのひとつが、身分制の再編であった。

一八六九年（明治二）には、公卿や諸侯を華族とし、幕臣・藩士を士族とした。百姓や町人は平民と呼称された。そして一八七一年（明治四）に、穢多・非人等の名称を廃止し、身分・職業とも平民と同様とする法令を発布する。いわゆる賤民廃止令である。かつては解放令と称されたこともあったが、後述するように解放されたわけではないので、賤民廃止令とする。

明治政府は、賤民制度が近代化に向けて妨げになると考えた。全国統一の戸籍を作成するに際し、賤民を「平民」の籍に編入する必要があったのだ。また地租改正を進める上で、賤民らが免除されていた地租（税金）を他と同じように課税する必要があった。近代国家の成立には、国民を把握する戸籍と、税金の徴収が重要な課題であったことがわかる。

賤民廃止令の翌年に編成された戸籍（干支の壬申《みずのえさる》の年に作成されたことから壬申《じんしん》戸籍と呼称される）には、華族や士族などの身分や職業が明記された。穢多、非人は「元穢多」「新平民」などと記載されるケースもあった。

また、所属する寺院や神社によっても旧賤民関係者が特定できた。たとえば穢多を信徒に持つ浄土真宗の寺院は穢寺《えじ》と呼称された。教団内にも差別があったわけであるが、戸籍には所属する寺院が明記されていたので、穢寺に所属する者の素性がわかった。要は身分制は制度上は廃止されたものの、旧賤民はそれとわかるように記録されたのである。

この壬申戸籍は、手続きさえすれば誰でも閲覧することができた。そのため誰が部落民であるかを調べる身元調査に利用されてきた。運動団体の抗議により、閲覧禁止になったのは、壬申戸籍がつくられてから九六年後の一九六八年（昭和四三）であった。

†差別意識があるから言葉も残る

賤民廃止令の発布で賤民は、本来であれば平民になるはずであった。ところが現実には、そうはならなかった。その一例が、旧賤民を指す名称である。

穢多などの旧身分名がそれとわかるように戸籍に明記されることがあることは前述したが、新聞などでは「新平民」「新民」などの呼称が使われた。本来であれば、賤民制度はなくなったのであるから、このような言葉はあってはならないはずである。旧賤民を指す言葉が新につくられたということは、人々の意識の中で賤民という存在が残った、あるいは残したからに他ならない。

この「新平民」「新民」という言葉は、少なくとも明治の後期になっても使われ、しかも被抑圧者側の立場に立ったジャーナリストが、この言葉を積極的に使った。たとえば明治期の自由民権論者の中江兆民は、「新民世界」を一八八八年（明治二一）に『東雲新聞』に発表し、最下層を視野に入れた差別反対を訴えた。また、明治・大正期のジャーナリスト、前田三遊は、一九〇五年（明治三八）に「天下の新平民諸君に檄す」を『中央公論』に発表し、部落民が「革新の急先鋒」となることを提唱した。

旧賤民およびその子孫（と考えられる人々）に対する呼称は、明治以降も変遷していくのだが、そもそも彼らにとっては、他と区別されることが迷惑な話である。旧賤民は、常に一方的に呼称される存在であって、自らが名乗ることはなかった。

「アイヌ」という言葉は、アイヌ語で「人間」を意味する。エスキモーの名で知られる「イヌイット」、ジプシーの名で知られる「ロマ」も同じである。つまり自らのグループを示す言葉があった。ところが明治維新後の旧賤民は、自ら名乗ることはなかった。英語に即して言うなら、他者を通しての呼称「me」はあっても、自称「I」を持たなかった。

明治後期になると、行政は部落民が住んだ集落を「特殊部落」あるいは「特種部落」と名付けた。部落内の生活環境を整える事業をおこなう上で、集落を指す言葉が必要だったからである。「部落」という言葉には「集落」という意味があるが、それと区別するために「特殊」「特種」という言葉が付された。そうではない集落は「一般部落」あるいは「普通部落」と呼んだ。現在、部落民ではない人々を「一般」あるいは「一般の人」と言うのは、ここから来ているのだろう。

この「特殊部落」は、後に〝悪の巣窟〟や〝閉鎖社会〟を表すために安易に用いられた。たとえば「国会は特殊部落のようなもの」といった具合にである。「特殊」を冠して差別することと自体が、日本の閉鎖社会をあらわしていると言えよう。

「特殊部落」という言葉がつくられ、流布した意味は大きい。賤民廃止令が布告されてから三〇年余りが経った明治三〇年代になっても、旧賤民が住んでいた集落はそのまま残り、あまつさえありがたくない名前まで付けられた。これは旧賤民やその子孫に対する差別が継続してあったからに他ならない。それがなければ、わざわざ名付ける必要はないからである。自ら名乗ったものではないものの、本稿では、明治以降の旧賤民（主に穢多）の居住地域を「部落」、そこに住む人々を「部落民」とする。

†「賤民廃止令」への反発

部落民にとって、賤民制度を解体した賤民廃止令の発布は大ニュースであった。だが、身分制度は人々の意識の中に浸透していたため、発布以前と以後では、さほど状況が変わることはなかった。むしろ賤民制度の廃止に抵抗した人たちがいた。

滋賀県滋賀郡坂本村では、本村が賤民廃止令を枝村の部落に伝えなかったため、部落の人々がこれに抗議する騒ぎが起こっている。兵庫、岡山、福岡などの六カ所の村では、農民らの要望を受け、賤民廃止令を一時的に撤回している。農民たちにとっては、賤民制は

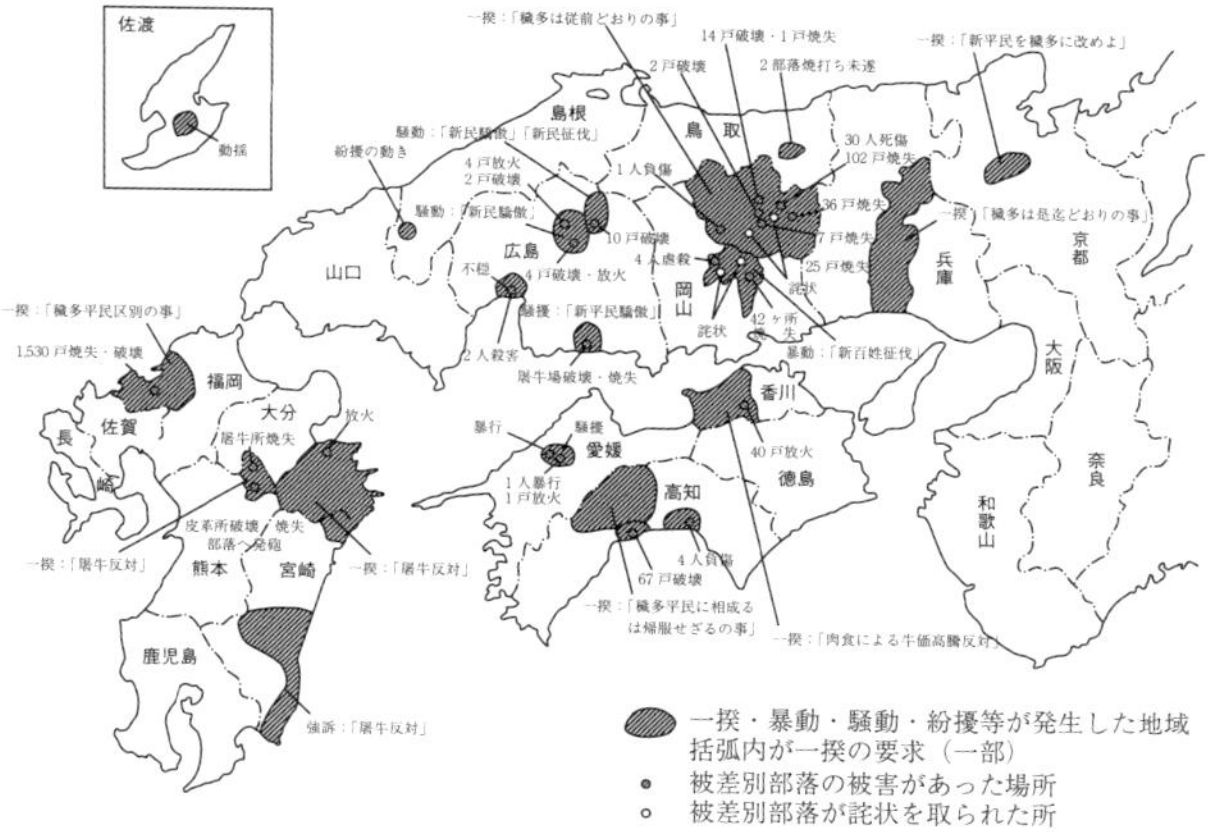

何がなんでも死守しなければならないものであった。

賤民廃止令が布告された二年後の一八七三年（明治六）には、西日本の各地で、賤民廃止令に反対する一揆が次々と起こった。一揆を起こしたのは農民たちである。農民は、穢多、非人が自分たちと同じ平民になることに抵抗した。「俺たちはお前たちと違う」「一緒にされたくない」という意識があったからであろう。農民にしてみれば、それまで見下してきたグループが、自分たちと同じ身分に引き上げられることが許されなかった。

上の図は『部落《むら》を襲った一揆』（上杉聰、解放出版社、一九九三年）に掲載された、賤民廃止令に対する反対一揆である。広範囲にわたって反対の動きがあったことがわかる。九州などで散見される「屠牛反対」は、明治以降の肉食の普及により、屠牛（屠殺）にたずさわった部落民への忌避が背景にある。当時は殺生に対するタブー意識が強かった。

賤民廃止令の発布から二年後、岡山県の美作地方では、部落民が平民と同じような振舞いをしたとして、農民たちが部落を襲撃している。賤民廃止令以前の状態に戻るように要求された部落側が、それを拒否したため、事件は起こった。この一揆で、二六三戸の部落の家屋が焼かれ、一八人の部落民が殺された。

その概要が、『これでなっとく！　部落の歴史──続・私のダイガク講座』（上杉聰、解放出版社、二〇一〇年）の中で、次のように描かれている。

〈小さな山を少し登った所に百戸余り、四〇〇～五〇〇人の暮らす被差別部落がありました。その周囲を二〇〇〇人近い農民が取り囲み、襲撃した様子を描いています。部落の人々は村に立て籠《こ》もり、肥桶《こえおけ》──昔のトイレは水洗ではなく、糞尿を溜めて運び出す桶が各家にありました──を黒く塗り、大砲に装わせて一揆勢を脅かし、抵抗したのです。しかし、ついに偽物と分かって村は襲撃され、家屋すべて焼かれました。裏山へ逃げ込んだ人々はつかまえられ、河原へ引き出されます。「廃止令」以後傲慢《ごうまん》になったと土下座させられ、詫びを入れさせられたあと、中心人物が次々と殺害されていきました。

当時使われた竹槍が残っています。太さ三センチくらいの細い竹を切り出し、先端を尖《とが》らせ、火にあぶって油を抜きますと、カンカンに硬くなります。人の体を刺し貫くだけの力をもっていました。これで刺し殺された人を検死した史料が残っていますが、「五体、実に蜂の巣の如くなりし」とあります。多人数で突いたらしいのです。

また農民たちは、部落の人々が潜む裏山へ火を放ち、煙に追われて出てきた人々を殺害しました。老人や子ども、女性を問わず、その背中に藁束《わらたば》を縛り付け、火を点け、焼き殺した状況が書かれています。目の当てられない残酷な光景が、あちこちで繰り広げられました〉

殺された部落の人々は、特に傲慢に振舞っていたわけではないだろう。農民と同じように行動していたら、農民の目にはそれが傲慢に映ったのではないか。百歩譲って傲慢であったとしよう。だからといって一八人も殺害することが許されるわけがない。農民は部落の人々が自分たちと同じ平民であることが許容できなかった。それだけ周囲の人々にとって部落民は〝忌避すべき存在〟として映っていた。

このようにして、差別する人々が、自分たちと区別（差別）した結果、部落民が残ったのである。

†さまざまな差別の形

賤民廃止令の発布から三一年が経った一九〇二年（明治三五）、広島控訴院が、部落出身であることを隠して結婚した男性との離婚を認める判決を下した。この男性は、訴えた女性と結婚する際に、明治維新前は苗字帯刀を許された豪農であると嘘をついていた。夫婦仲が悪くなり、女性が広島地裁に離婚訴訟を起こし、離婚を認められたが、男性が控訴していた。

注目したいのは、控訴院の判決内容で、以下は現代文にあらためた判決文である。

〈そもそも旧穢多は、おおむかしから最も卑賤の一種族とされ、一般人民とは異なるので、明治維新後、穢多という名称を廃止され、一般人民と同等の地位になったが、その因習が長く続き、今日でも旧穢多と婚姻するのを嫌忌するのは、旧穢多でない者にとっては普通の状態であることは明らかな事実である。

それゆえ反証がない限りは被控訴人（女性）もまた、控訴人（男性）が旧穢多の家に生まれたことをよく知っていたら、被控訴人は結婚しなかったにちがいないと推定される。

したがって、旧穢多の家に生まれた者でありながら、その事実を告げなかったばかりでなく、実家は維新前より苗字帯刀を許されていた血統正しい旧家豪農であると称することは、詐欺であることを免《まぬが》れないのはもちろんである〉

卑しい部落民と結婚しないのは当たり前であって、部落民と知っていたら結婚しなかった。男が嘘をついたのは詐欺に等しい、と述べている。公明正大であるべき裁判官でさえこのような判決を下すのだから、いかに当時の部落民が賤視されていたかがわかる。

『つくりかえられる徴《しるし》 日本近代・被差別部落・マイノリティ』（黒川みどり、解放出版社、二〇〇四年）によると、一九一八年（大正七）に奈良県が七二部落を調査したところ、部落民同士の結婚は四四〇八件で、部落外との結婚はわずか四三件だけだった。わずか一%である。賤民廃止令から四七年が経っても、身分社会は実質的にはなくなっていなかった。

明治以降、公立私立の小学校が各地で開校したが、滋賀県や長野県の一部では、部落の子どもたちが学校から排除され、入学できない事態が起こった。部落の子どもたちが教室に入り、部落外の子どもたちと机を並べることは許されなかった。

大正時代に入っても、奈良県や香川県では、部落出身の教師が赴任したものの、保護者の反対があったため、退職させられている。わが子に部落民の教えを受けさせたくない、と保護者は考えていたのである。

†水平社宣言の意味

一八七一年(明治四)の賤民廃止令から五一年後の一九二二年(大正一一)。部落の人々が差別に抗議するために立ち上がり、「全国水平社」を結成した。目指すべき平等な社会を表現するには「水平」という言葉以外にはないという理由から、その名が付けられた。京都で開催された創立大会には、近畿地方を中心に、全国から約一〇〇〇人もの部落民が参加した。

部落と部落民が、差別する者たちによって残されたことをこれまで述べたが、部落の人々の多くは、賤民制は廃止されたのだから、区別される必要も、ましてや差別される必要もない、差別は時間が経てば自然になくなる、と考えていた。これは今で言う〝寝た子を起こすな論〟で、現在でも多くの部落の人々はそう考えている。差別される謂《いわ》れはないわけだから、そう考えるのも無理はない。

ところが、賤民廃止令の反対一揆に象徴されるように、差別は一向になくならなかった。全国水平社の創立に決起した部落民は、差別をなくすには部落民自身が声を挙げることこそが重要だと考えたのである。以下は創立大会で読み上げられた「宣言」（水平社宣言）の全文である。旧字、旧仮名遣いは現代のそれに改め、読み仮名を付した。

宣言

全国に散在する吾《わ》が特殊部落民よ団結せよ。

長い間虐《いじ》められて来た兄弟よ、過去半世紀間に種々なる方法と、多くの人々とによってなされた吾等の為の運動が、何等の有難い効果を齎《もた》らさなかった事実は、夫《それ》等のすべてが吾々によって、又他の人々によって毎《つね》に人間を冒瀆《ぼうとく》されていた罰であったのだ。そしてこれ等の人間を勦《いたわ》るかの如き運動は、かえって多くの兄弟を堕落させた事を想えば、此際吾等《このさいわれら》の中より人間を尊敬する事によって自ら解放せんとする者の集団運動を起こせるは、寧《むし》ろ必然である。

兄弟よ、吾々の祖先は自由、平等の渇仰者《かつぎようしや》であり、実行者であった。陋劣《ろうれつ》なる階級政策の犠牲者であり男らしき産業的殉教者であったのだ。ケモノの皮剝《は》ぐ報酬として、生々しき人間の皮を剝ぎ取られ、ケモノの心臓を裂く代価として、暖かい人間の心臓を引裂かれ、そこへ下らない嘲笑の唾まで吐きかけられた呪われの夜の悪夢のうちにも、なお誇り得る人間の血は、涸《か》れずにあった。そうだ、そして吾々は、この血を享《う》けて人間が神にかわろうとする時代におうたのだ。犠牲者がその烙印を投げ返す時が来たのだ。殉教者がその荊冠《けいかん》を祝福される時が来たのだ。

吾々がエタである事を誇り得る時が来たのだ。

吾々は、かならず卑屈なる言葉と怯懦《きょうだ》なる行為によって、祖先を辱《はずか》しめ、人間を冒瀆してはならぬ。そうして人の世の冷たさが、何《ど》んなに冷たいか、人間を勦る事が何《な》んであるかをよく知っている吾々は、心から人生の熱と光を願求礼讃《がんぐらいさん》するものである。

水平社は、かくして生れた。

人の世に熱あれ、人間に光あれ。

大正十一年三月　水平社

冒頭の「全国に散在する吾が特殊部落民よ団結せよ」は、マルクス、エンゲルスが一八四八年に発表した『共産党宣言』の「万国の労働者よ、団結せよ」を参考にした文言である。創立メンバーは、平等な社会を目指す社会主義に親近感を抱いていた。

「特殊部落民」という部落民が忌み嫌った言葉を敢えて使い、団結を訴えたのは、「そう見られているのであるならば、それでもかまわない」という立場の自覚である。また、個々人ではなく、集団で闘うことを訴えている。部落の解体ではなく、コミュニティを強く意識した戦略であることがわかる。換言すれば、部落を明確にすることを前提にした運動であった。

その上で、存在しないはずの「エタ」であることを高らかに謳った。決起することへの高揚感が伝わってくる文章であるが、当時の部落民が、果たして自らの立場を卑下こそすれ、誇りを持っていたのか、はなはだ疑問ではある。現在とは比べようもないくらいに差別が厳しかった時代だ。同胞を鼓舞するために敢えて書いたのではないか、というのが私の憶測である。

マイノリティが自己の立場を積極的に評価することはある。たとえば一九六〇年代のアメリカで起こった黒人たちによる「ブラック・イズ・ビューティフル」というスローガンがそれである。ネガティブにとらえられていた〝黒〟を〝美しい〟と主張することによって価値観を転換させる意図があった。

ただ、部落の場合は、これまで述べてきたように、身体的・文化的差異はなく、あくまでも押し付けられてきた烙印である。つまりエタを誇るという一文は、あくまでも同胞との連帯を強め、決起を促すための修辞《レトリック》であろう。自分の立場を自覚する意味は充分に理解できるが、誇る必要などないのではないか、と私は考える。出自によって差別されることが理不尽なら、出自を誇るのもけったいな話である。

†宣言ができた背景

福岡県の部落出身で、僧侶になるため、京都の中学校に入学していた田中松月《しょうげつ》は、水平社が創立されることを知ったときの心境を次のように語っている。

〈そのときの気持はうれしいというか恐ろしいというか、何ともいえない気持でした。我々はそれまで部落のことを隠そう隠そうとしていたのに、自分の方から看板かかげて、大会を開くというわけでしょう。何でそんなことをするのかという思いと、何とかせにゃならんという期待が入り交ざった、何ともいえない気持ちでした。会場に行っても、入ろうかこのまま帰ろうか、だいぶ逡巡《しゅんじゅん》しました。結局、「九州のものですが、傍聴させてもらえんじゃろうか」ときいて、中に入ったわけです〉

（『証言・全国水平社』福田雅子、日本放送出版協会、一九八五年）

田中はその後、全九州水平社の設立にかかわり、部落解放運動の闘士となっていくが、全国水平社の創立時は、暗闇にいる不安を感じながら、その中でかすかに見える光に希望を抱いていた。いずれにしても、当時の多くの部落民が、差別におびえながら自らの立場を名乗ることなく暮らしていたことは確かであろう。

宣言の二行目にある「過去半世紀間に種々なる方法と、多くの人々とによってなされた吾等の為の運動が、何等の有難い効果を齎らさなかった事実」という記述は、賤民廃止令から全国水平社が発足するまでの間に起こった、部落改善運動と融和運動を指している。前者は経済的自立を目指す部落の実業家たちが中心になっておこなった運動で、差別の原因を社会に向けるのではなく、部落民が変わることに重点を置いた。後者はおおざっぱに言えば、国家に奉仕することで差別をなくそうとする行政主導の動きである。天皇の下の平等を説き、社会には部落民への同情を訴えつつ、部落民に対してはそれに応える人格形成を求めた。

宣言はそれらの運動が「かえって多くの兄弟を堕落させた」と切って捨て、「自ら解放せんとする者の集団運動」を訴えた。要は部落差別は、部落民に問題があるのではない。部落民が団結して、差別に立ち向かわなければならない、と呼びかけたのである。

ちなみにこの宣言は、奈良出身の西光万吉が起草し、福島出身の平野小剣が添削した。両者とも部落の出身であるが、性格は正反対であった。西光は幼少時は「西光寺のぼんで極めて内向的な人」(水平運動の同志・阪本清一郎の証言)だった。西光寺は万吉が生まれた寺で、そこからペンネームをとった。

西光は画家を目指した芸術家肌で、読書好きのインテリであった。青年から晩年にかけての繊細な風貌の写真が残っている。少年期から青年期に至るまで幾度も差別を受け、自殺願望があった。海外に移住し、差別から逃げることばかりを考えていたが、地元の仲間らとともに全国水平社の結成に名を連ねる。

一方、平野は一三歳にして印刷工場で働き始め、労働運動に邁進した叩き上げの活動家である。現存する写真を見ると、青年期はなかなかの二枚目で、今で言うロン毛に、スーツを粋に着こなしたイケメンである。イケイケドンドンの活動家で、「穢多が自慢だ。穢多が誇りだ。今に見ろ、穢多という名称が全社会から尊敬される時が来る」という自信たっぷりの文章を残している。宣言にある〝誇り路線〟は、平野の思想を前面に打ち出したものであろう。

性格的には対照的であった二人だが、後年はともに国家主義に傾倒したことでは共通している。西光は戦争に加担したとして戦後間もなく自殺を図るが失敗し、一九七〇年（昭和四五）年に七四歳で病没。平野は一九四〇年（昭和一五）に、四九歳の若さで病没した。

†「どこ」「だれ」を明らかにした水平社の結成

全国水平社創立大会では、この宣言のほか、綱領と決議を採択した。綱領には「特殊部落民は部落民自身の行動によって絶対の解放を期す」と運動の主体を明記している。決議には「吾々に対し穢多及び特殊部落民等の言行によって侮辱の意志を表示したる時は徹底的糾弾を為す」とあり、差別に対しては決然と闘うことを訴えた。

ただ、創立大会の参加者から「（宣言では）自らは、特殊部落民、エタといっていて、自分たち以外の人がこう呼ぶことはけしからんというのは、どうも納得がいかない。水平社は無茶なことをいう団体だと思われるだろうし、自分から卑下することになるのではないか」という意見が出た。

これに対し「矛盾が現実を表現するのだ。我々が特殊部落民でないと言っても、周囲が一言で特殊部落民であると差別観念を持っているのだから、この表現が必要である」という反論が出て、その場は一応はおさまった。呼称の齟齬は、以後も部落問題につきまとうことになる。あってはならない存在を固定化するという矛盾を、部落解放運動は当初から内包していたのである。

これらの宣言、綱領、決議は、多くの部落民に影響を与えた。

全国水平社の創立以降、全国各地に地方組織が結成され、翌年にその数は三〇〇を超えた。それらを地方ごとに統括する、関東水平社、全九州水平社なども設立され、組織は拡大していった。

地方における水平社結成の意味は、部落の「どこ」と「だれ」を明らかにしたことである。地方の各組織は、〇〇水平社といった具合に、部落の地名をつけた。もとよりどこが部落であるかは、周辺住民は知っていた。しかし地元の部落民は、地名を冠した水平社を結成することで自らの立場を自覚し、差別に対して仲間とともに果敢に闘うことを誓ったのである。

†糾弾闘争の現実

たとえば私のふるさとでは、全国水平社が創立された翌年に「北別府《きたべふ》水平社」が結成された。リーダーの森本右教(三九歳)は、全国水平社の創立大会に参加し、兵庫県で初めての大規模な糾弾闘争を率いた。別府村（現・加古川市別府町）で起こったので別府村事件と呼ばれる。概要は、以下の通りである（当時の新聞記事や裁判資料を集めた『兵庫県水平運動史料集成』［兵庫部落解放研究所編、部落解放同盟兵庫県連合会、二〇〇二年］を参考にした）。

別府村では一九二三年（大正一二）四月に、小学校の講堂で本村の児童が、北別府の子どもに対し差別発言をしたため、四〇人余りの北別府水平社のメンバーが学校におもむき、抗議していた。発言の内容は定かではない。当時の北別府の総戸数は約一三〇戸であったから、かなりの人数が参加していたことになる。けっきょく、本村の有力者の仲裁でおさまったが、わずか四カ月後に再び問題が起きた。

同年八月。別府村の仮設小屋で活動写真（映画）を見ていた本村の北野正雄（一八歳）が、友人が持つ団扇《うちわ》を指して「そんなものは穢多が持つようなものだ」と冗談まじりに言った。それを北別府水平社のメンバーの西田幸一（二二歳）が、たまたま聞いていた。

西田は北別府に帰って仲間に相談し、十数人で北野宅を訪れ、水平社の糾弾闘争の常套手段になっていた謝罪状を要求した。成人前の息子に代わり、北野の父親が口頭で謝罪したものの、謝罪状は拒否した。騒ぎは次第に大きくなり、本村と北別府の対立にまで発展した。北別府にある寺院・教照寺には村人が続々と集まり、炊き出しをおこなうなどして北別府水平社のメンバーを支援した。大阪、京都、神戸からも水平社の同人が続々と応援に駆けつけた。

北別府水平社は、なおも謝罪状を求め続けたが、北野側が拒否したため、問題発言があった二日後に事件は起こった。午後八時ごろ、県内外から応援を得た北別府水平社のメンバーら総勢二〇〇人は、頭に白鉢巻を締め、水平歌を高唱しながら謝罪状を求めて本村でデモをおこなった。北別府水平社のリーダーであった森本右教は「此儘《このまま》泣寝入にすれば孫末代迄我々同人の頭が上らず差別的待遇を取除くことが出来ぬと思ひ」と後にその動機を語っている。デモの際、水平社の隊列は、県内から召集された数百人の警官と衝突した。

翌日、二〇〇人余りの警官が、水平社のメンバーがいた教照寺を取り囲み、三八人を検挙し、日本刀、竹槍、棍棒などを押収した。うち二一人が後に騒擾罪、公務執行妨害などで有罪判決が下される。ちなみにそのうちの二人は、私の父方の祖父（角岡辰巳）と、母方の祖父（吉野湊）である。二人とも二〇歳前後の若者だった。

事件のきっかけは、北野の軽口である。おそらくそれまでにも、そのような発言は多々あっただろう。四カ月前の小学校での差別発言が伏線になっていたことも充分考えられる。

それが糾弾闘争にまで発展したのは、全国水平社が結成され、部落の人々の意識が、差別に対して闘うことに向いていたからであろう。北別府水平社のメンバーは〈吾々に対し穢多及び特殊部落民等の言行によって侮辱の意志を表示したる時は徹底的糾弾を為す〉という全国水平社の決議を忠実に実行した。

ただし、問題発言は、北別府住民に対しておこなわれたわけではない。本村の二人が会話していたのを、北別府水平社のメンバーがたまたま聞いていたのである。もう穢多ではないのに、その言葉が生きていたことが許されなかった。あるいは本村の連中にふだんから差別されていたので、たとえそれが戯言であっても、看過できなかったのであろう。

同じころに起こった水国争闘事件（奈良）、世良田村事件（群馬）も、不用意な発言から、水平社と反水平社勢力の争いに発展している。前者は嫁入り道具が運ばれるのを指して「穢多の荷や」と発言、後者は「ぼろこそ着ているが、俺は長吏ン坊（長吏は穢多・非人の別称）じゃないぞ」という発言を、たまたま部落民が聞いていたのが発端となった。

水国争闘事件では、双方あわせて約二五〇〇人が対峙し、四人の重軽傷者が出た。世良田村事件では、竹槍、日本刀、ピストルを持った反水平社勢力が部落を襲撃し、水平運動の活動家の家屋一五軒を打ち壊し、一五人に重軽傷を負わせている。賤称語を聞き逃さない部落民の意識と、勢力を増した水平社への反発が、各地で衝突を引き起こした。つまり別府村事件は、一地方で起こった些細な発言に端を発した糾弾闘争ではなく、全国的な動きのひとつであった。

北別府水平社のメンバーが、あくまでも謝罪状を要求し続けたのは、いささかかたくな過ぎるのではないかと思わないでもない。口頭での謝罪ではなく、書面でなければならなかったのは、全国水平社がその方針をとっていたからであろう。本村側も謝罪状を提出していれば、このような大事には至らなかった。

糾弾闘争のインパクトは大きかったに違いない。北別府住民の前では、うかつなことは言えない。北別府の連中は何かあれば集団で押しかけてくるという恐怖感が広がったことは想像に難くない。

事件から半世紀後、私が小学生のころ、同級生に「むかし、北別府で何かあったん?」と聞かれたことがある。私はそのとき、祖父たちが参加した糾弾闘争を知らなかった。友人は私より先に家族の誰かに聞いていたのであろう。恐怖の記憶が、子や孫に伝承されていたのかもしれない。

北別府の中で別府村事件は、長い間、封印されていた。私の母親は、一九七〇年代に入って、この事件の存在を知った。北別府水平社の多数のメンバーが拘束され、稲刈りでは男手が足りなくて手伝いに行ったという話を、母親（私の祖母）から聞いたという。私の祖父母は、事件についてつまびらかに語らなかった。語りたくなかったのだろう。

父方の祖父は、父親が子どものころに亡くなり、母方の祖父は私が子どものころには認知症だったので、話を聞く機会がなかった。

北別府水平社のメンバーは、部落民自身が集団で差別と闘うことに共鳴し、行動した。だが、宣言にあるように、部落民であることに誇りを持っていたかどうかは、疑問である。仮に持っていたとしたら、糾弾闘争を語り継いだはずである。しかし彼らはそれについて語ることはなかった。

その封印が解かれたのは、半世紀後であった。事件から五三年後の一九七六年（昭和五一）に、先人の糾弾闘争を讃える顕彰碑が、北別府内にある墓地に建てられ、現在も残っている。石碑には宣言の最後にある「人の世に熱あれ　人間に光あれ」という文章とともに、私の祖父二人を含む、有罪判決を受けた北別府水平社の二〇人の名前が刻まれている。

余談だが、この碑は、差別発言を看過しなかった精神と行動を伝えるとともに、この地が部落であることを後世に伝えるシンボルにもなっている。このようなシンボルは、各地の部落で散見できる。部落によっては宣言を石碑に刻んだり、公民館などの公的施設に掲げられたりしている。そこが部落であることを公言しているに等しい。

換言すれば、他地区との差異を自ら明らかにしていることになる。壁にかけた宣言ならともかく、何トンもある石碑などは、容易に撤去できない。それらは、部落であることを明らかにした上で部落民としての解放を求めた、文字通りの記念碑である。

†それからの水平社

全国水平社の創立以降、部落解放運動は、「どこ」(地名)と「だれ」(名前)という固有名詞を明らかにした上で差別と闘った。あってはならない存在の部落が、闘う共同体としても動き始めたのである。

全国水平社が結成された一九二二年(大正一一)は、日本共産党(非合法)が創立された年でもあった。そもそもふたつの組織は、平等な社会を求めるという点では親和性があった。全国水平社の一部のメンバーは、共産党の影響を受け、社会主義社会を実現することで部落差別をなくすことをめざし、組織の解消を主張するようになる(全国水平社解消論)。

一九二五年（大正一四）、内務省は全国水平社の創立以前からあった部落改善運動や融和運動を統合し、中央融和事業協会を設立した。会長には、後に首相を務める平沼騏一郎が就いた。同協会は「部落そのもの、解消」を求め、満州（中国東北部）への移民を推奨した。全国水平社はこの政策を支持したが、部落民の大半はそれに応じることはなかった。

一九三七（昭和一二）年の盧溝橋事件以降、日本は戦争の道をひた走る。同じ年、全国水平社は政府の動きに合わせ〈「挙国一致」に積極的に参加〉することを表明した。翌年には綱領を〈吾等は国体の本義に徹し国家の興隆に貢献し、国民融和の完成を期す〉と改め、一九四二年（昭和一七）に解散届を出すことなく、組織は自然消滅する。全国水平社という組織は、社会主義社会の到来ではなく、戦争に加担する過程でなくなったのだった。

明治初期から水平社の結成までをもう一度整理しておきたい。明治政府によって、賤民制は廃止された。ところが人々の意識は変わらず、あってはならない「特殊部落」が残った。周辺の身分意識、差別意識がそれを残存させたのである。

一方、旧賤民身分の人たちは、差別は自然になくなると考えていたが、いつまでたってもなくなる気配はなかった。賤民廃止令のおよそ半世紀後に、部落民が同胞に対して、差別に反対するための団結を呼びかけた。これは本来はなくならなければならない部落コミュニティを明確にする運動でもあった。部落であることを明らかにして差別をなくす戦略である。部落民からの解放ではなく、部落民として解放されることを選択したのであった。

本稿の冒頭で私は、部落は差別を媒介にした特異な存在であることを述べた。本来は部落は、なくならなければならない存在であった。ところが差別に抗うための反差別運動は、部落を残す戦略をとった。「エタである事を誇り得る時が来たのだ」という宣言の一文がそれを象徴している。

差別が部落を残存させ、反差別運動もまた部落を残すことを選んだ。

〈自ら解放せんとする者の集団運動を起せるは、寧ろ必然である〉

宣言で述べられているように、部落解放運動は起こるべくして起こった。水平社のメンバーは、歴史を背負って生きていくことを選択したのである。

†戦後の部落の生活と解放運動

戦争を押し進める国家に協力することで〈国民融和〉を目指した全国水平社は、組織としては消滅した。だが、自分の立場を明らかにした差別反対運動は、敗戦後も続く。

水平社のメンバーが中心になり、一九四六年（昭和二一）に部落解放全国委員会が結成され、一九五五年（昭和三〇）に部落解放同盟に再編・改称された。

明治期につくられ、水平社宣言で敢えて引用された「特殊部落」という言葉は、敗戦後は「被差別部落」にとってかわり、現在も使われている。行政用語では「同和地区」と言う。「穢多」「非人」などの賤民は、明治以降は「新平民」「特殊（種）部落民」などと呼称され、何度も名称を変えた末に「被差別部落民」に落ち着いたのである。

戦争を経ても部落の生活実態は、戦前と変わらなかった。一九五〇年（昭和二五）に京都市が市内の部落の実態調査を実施した。少し長いが調査報告の一部を引用する。読みやすいよう改行した。

〈どの地区とも、八十年を経た老朽、危険な不良住宅が、それも圧倒的に借家、間借を高い比率で内包しながら、全体住居の八割を占め、土台もなく、排水設備もないまま、先細りの露地が出口のない袋小路につきあたるという狭小な地域の中で、ひしめきあい、もたれ合って密集し、そこでは食寝分離、性的隔離、適正就寝といった住居の基本原則は完全に無視され、わずかの風雨にさえ倒潰を恐れて、隣保館に緊急避難を余儀なくされる有様であった。

共同の流しから放出される汚水は排水溝がないまま、停滞し、腐臭を放ち、雨期には、共用の便所からの溢水がこれに混在する状態であった。

この不良環境の中で、子供たちの勉学の条件は皆無といってよく、当時の、長欠、不就学は一般の十二倍に達し、最高の部落では中学生の四七％、小学生の二六％が不就学、長欠として登校出来ない始末であった。

貧しさは質量ともに深刻で、全市の世帯五％の保護率の五倍を数える二五％、実に四軒に一軒が飢餓水準（当時のエンゲル係数は七〇を越えていた）の生活保護に依存する状態であった。前述の住居条件の劣悪と合わせて表現するなら、それは正に〝惨苦の茅屋〟（ヤンマー・ヘーレン）と呼ばれるべきものだった。

伝染病の罹患率も最高で、対一万人中、或る部落では一三八人の多さを年間統計に記録し、当該行政区の他の学区の一三人の実に一〇倍を数えていた。哺育条件の欠如は、とくに乳幼児死亡率の高さによって示され、死亡総数に対するその比率は二一・四％となり、全市平均の一六・九％より可成り上廻るものがあったのである〉

（『同和行政の理論と実際』（部落問題研究所編、同研究所出版部、一九七一年）

京都市は大正以降、市内の主要部落で、隣保館、公設浴場、託児所、トラホーム治療所などの諸施設を建設していたが、それでもなおこの状態であったことを同書は述べている。当時の日本には、部落に限らずこのような集落は少なくなかった。だが、部落の場合は、何世代にもわたってこの状態が続いた。とりわけ都市部落でその傾向が顕著であった。

†同和対策事業がはじまる

一九五〇年代後半から、国政の場で、内閣に部落問題を調査・検討する審議会の設置を求める声が高まった。部落解放同盟は、抜本的な施策を国や自治体に求めて運動を続けていた。

一九六〇年（昭和三五）に発足した同和対策審議会は、五年後に答申を発表した（同対審答申）。この中で部落問題は〈早急な解決こそ国の責務であり、同時に国民的課題である〉とし、〈部落差別が現存するかぎりこの（同和）行政は積極的に推進されなければならない〉と指摘した。その上で具体案として〈生活環境の改善、社会福祉の充実、産業職業の安定、教育文化の向上及び基本的人権の擁護等を内容とする総合対策でなければならない〉ことを明言した。

同対審答申を受け、一九六九年（昭和四四）に、一〇年の時限立法で同和対策事業特別措置法（同対法）が施行された。かくして約四五〇〇部落を対象に「総合対策」が開始された（ただし、事業を拒否した地域もあるので、すべてに対しておこなわれたわけではない）。同和対策事業（同対事業）は住宅、道路の建設、奨学金の給付や就労対策など多岐にわたった。それだけ解決しなければならない問題が部落に集中していた。

全国水平社結成以来の集団運動は、被差別部落を大きく変えた。都市にあった老朽家屋群は、やがて公営団地に変わった。ここで注目したいのは、部落解放運動の成果として実施された同対事業は、「どこ」と「だれ」を明らかにしなければできなかったという点である。行政はどこが部落（同和地区）であるかを範囲指定した上で、環境改善に取り組んだ。また、だれが部落民（同和地区住民）であるかを決めた上で、奨学金の給付や就労対策をおこなった。〝本来あってはならない存在〟が、行政によって、明確にされたわけである。

この同対事業は、何度も延長され、また法律の名称を変え、二〇〇二年（平成一四）まで継続されることになる。三三年間でおよそ一五兆円の莫大な予算が支出された。長期間にわたる事業は、それだけ課題が多かったということであろう。

この同対事業は、部落（同和地区）を周辺地域から際立たせる役目を果たした。一定の区域だけに長期間にわたり住環境が整備され、住民に対して奨学金の給付や就労保障がなされれば、目立たないわけがない。「なんであそこだけ」という周辺地域住民の妬み意識を生んだ。事業が部落と部落民を明確にする役割を果たしたわけである。

本来あってはならない存在が、莫大な予算とエネルギーと時間をかけ、面的に整備され、周辺住民の記憶にそれを焼きつけた。あくまでも部落差別をなくすためにおこなわれた事業であったが、結果的に部落（同和地区）を残存させることになった。

同対事業で整備した住宅や道路などに関する資料を、行政は残さなければならない。どの事業にいくらかかったか、どこでどんな事業がおこなわれたか、などの記録である。何も同対事業に限った話ではないが、公共事業である限り、説明や公開の義務が生じるからである。

運動側もまた、闘ってきた成果としてさまざまな記録を残している。それらの冊子、書籍の中には、どこからどこまでが部落であるかを明記したものもある。これらを見れば、どこが部落であるかがわかる。つまり部落解放運動とそこから派生した同対事業は、部落に関する記録と記憶を残してきたのである。

部落によっては、差別反対のメッセージが入った垂れ幕や看板を目立つように設置しているところもあった。それらは部落であることを周辺に告知する役割を果たした。隠すのではなく、知らせることで差別に反対する道を選択したのである。

一九六九年（昭和四四）の同対法の施行以降、主に西日本の教育現場では、同和教育が開始された。一九七三年（昭和四八）には中学校の歴史教科書に、その二年後には小学六年生の社会科教科書に、部落問題に関する記述が初めて登場した。

一九六三年（昭和三八）当時、部落の高校進学率は三〇％で、全国平均（六六・八％）の半分以下であった。そのため同対事業が始まった七〇年代以降、部落の児童・生徒は、放課後に学校から派遣された教師から、主要教科や部落の歴史などを学んだ。私のふるさとでは、小三から中三まで週二回の解放学級（地域によって名称は異なる）があった。

私は解放学級が始まる小三のときに、教師から、自分が生まれたところが部落であることを知らされた。それまで差別を受けていたわけではないので、ショックはなかった。ただ、いずれ自分は差別を受けるのだろうか、という漠然とした不安を持った。部落差別を実感したのは、社会人になってからである。

七〇年代以降、部落解放運動が盛んな地域では、学校で部落民宣言がおこなわれた。部落出身の児童・生徒が、全校生徒や級友を前に、自分の立場を明らかにするのである。

クラスメートは、その児童・生徒がどこから来ているかはわかっているので、部落民宣言をすることによって「どこ」が部落であるか、その時点でわかる。当然「だれ」が部落民であるかも。これらは部落差別をなくす目的でおこなわれた。

私自身も中三のとき、同和ホームルームで部落民宣言をした。担任教師の固有名詞のない部落問題学習が、まどろこしかったからである。

ただし、高校に入ると、通学範囲が広くなったので、「言わなければわからないのではないか」と考えるようになり、親しい友人以外は言わなかった。

どんなマイノリティの反差別運動も、「どこ」「だれ」などの固有名詞を明らかにした上でおこなわれる場合が多い。固有名詞があることによって問題が具体性を帯び、親近感が増す。その意味で、部落解放運動がおこなってきた、さまざまな取り組みは、基本的には間違ってはいなかった、と私は考える。

†「部落地名総鑑」の発覚

一九七五年(昭和五〇)、全国の部落を網羅した図書が密かに高額で販売されていることが明らかになった。部落の「どこ」に関する情報を商いにする者があらわれたのである。

「どこ」は「だれ」を割り出すためであることは言うまでもない。

問題の図書は興信所などが作成し、部落の所在地、地名、戸数、主な職業などが記載されていた。五〇〇〇円から四万五〇〇〇円の高額で販売され、大企業や大学、個人が、人事考査や結婚などの参考にするために購入していた。『人事極秘　部落地名総鑑』『全国特殊部落一覧』など、現在まで少なくとも一〇種類が存在することがわかっており、総称して「部落地名総鑑」と呼ばれている。そのうち『同和地区地名総覧　全国版』の序文には、以下のように書かれている。

〈部落解放同盟の解放運動の展開と、内閣同和対策審議会の同和対策などにより、同和教育が進められる一方、戸籍閲覧・交付の制限、履歴書などに本籍地詳記の省略など、差別に対する防御策がとられ、採用面接時に住所を尋ねたり、家族の職業を尋ねたりする事が禁じられ、不用意に話題がこれらの点に触れると、理由がどのようなものであったとしても、差別の意図があったものと解釈され、厳しい制裁を受けるのが現状です〉

このように状況分析したあと、こう続けている。

〈しかし、大部分の企業や家庭に於いては、永年に亘って培われて来た社風や家風があり、一朝一夕に伝統をつくがえす訳にはまいりません〉

〈採用問題と取り組んでおられる人事担当者や、お子さんの結婚問題で心労される家族の方たちには、仲々厄介な事柄かと存じます。

このような悩みを、少しでも解消することが出来ればと、此の度世情に逆行して、本書を作製する事に致しました〉

部落の地名リストが、採用や結婚に際して部落民を排除するための資料になることを説明している。

部落地名総鑑は、戦前に内務省が、部落の環境や生活を改善するためにおこなった調査結果（一九三六年発行の『全国部落調査』）を基に作成したと言われている。全国の部落の地名や人口、主な職業が網羅されていた。事業の実施前に調査がおこなわれるのは珍しいことではないが、当時の政府関係者は、後世によもや差別に利用されることになるとは考えていなかったであろう。

興信所と部落問題の関係は深い。少なくとも西日本では、結婚する際に相手が部落民であるかどうかを調べることは当たり前におこなわれていた。興信所が実施する身元調査のほとんどは、部落民かどうかを調べることであった。

部落地名総鑑を作成した人物のひとりは、身元調査の中身について〈自分の娘を結婚させたい、あるいは嫁をもらいたいという場合、まず、九九パーセントまでは「血がまじると困るのでそれだけをとくに念入りに調べてくれ」とか、「部落かどうかを調べてくれ」というものです〉と語っている（『終わってはいない「部落地名総鑑」事件』部落解放同盟中央本部編、解放出版社、一九九五年）。

では、興信所が定める部落民の基準とは何か？　私が取材した興信所の経営者は、部落に生まれ育った▽少なくとも片親が部落民▽部落に移り住んできた、あるいは出て行った人を部落民と依頼者に報告していた。調査する際の参考資料として、部落地名総鑑を利用していた。ちなみに調査では、戸籍の閲覧（本人や弁護士など以外は法律で禁じられている）や聞き込みなどもおこなうので、地名総鑑だけで判断するわけではない。

一般的に言って、どこが部落であるかを隠すことは、難しい。同和対策で建設された施設は、部落にだけしかない名称のものが多い。地図にそれが明記されているし、現地に行けばわかる。それらの施設は、同対事業が終了し、すでに取り壊されているものも多いが、昔の地図を見れば確認できる。推奨しているわけではない。隠すことが難しいと言いたいのである。

たとえば、一九九八年（平成一〇）に、大阪市内に本社がある興信所が、企業からの依頼で、採用対象者の身元を調査していたことが発覚した。興信所が報告した中には「会館のとなり」「部落解放同盟どまん中」などと書き込まれていた。前者は自宅が同対事業で建てられた旧解放会館（人権文化センター）に隣接していることを指し、後者は調査対象者が住む地域に、部落解放同盟の支部事務所があったことが考えられる。興信所は実際に現地におもむき、それらを確認している。同対事業の関連施設や反差別団体の事務所が、皮肉にも差別を生む指標にもなっていたのである。

だからといって同対事業がなければよかった、あるいは部落解放同盟およびその事務所がない方がよかった、と言いたいわけではない。問題はどんなことをしてでも誰が部落民であるかをつきとめようとする者がいるという事実を認識した上で、出自を隠すのが困難であることをどう考えるか、という点である。

差別をなくすための部落解放運動や同和対策事業が、結果的には部落と部落民を残すことになった。差別がなくなるのを待つか、それとも開き直って自ら明らかにするか。両極の間で、部落民は揺れ動いてきた。

問題が複雑なのは、部落民が〝点〟ではなく〝面〟の存在であるということだ。仮に「私は部落民だ」とひとりが公表しても、家族や親戚が隠しているケースもある。地域によっては、部落とわかってしまうという理由で、同対事業を拒否したところもある（だからといって差別がないわけではない）。

このように部落問題には、家族・親戚と地域がついてまわる。隠す隠さないは、一筋縄でいかない問題をはらんでいる。世紀が変わるころから〝点と面〟〝秘匿か開示か〟という部落解放運動の困難性と矛盾が、明確になっていく。

†部落のデータが世に出回る

科学技術の進歩は、人間の生活にさまざまな恩恵をもたらした。近年において、その代表的な存在は、コンピュータであろう。とりわけパーソナル・コンピュータ（パソコン）とインターネットの普及は、個人が即座に大量の情報を入手、あるいは発信することを可能にした。同時に個人情報の漏洩やプライバシーの侵害も深刻化した。

部落問題に関して言えば、一九八九年（平成一）にまで遡る。アマチュア無線とパソコンやワープロを接続したパケット通信を利用し、何者かが賤称語を使った部落差別や民族差別の文言に加え、大阪や和歌山の部落の地名リストを掲載した。部落の地名リストには、新旧の地名や主な職業が記載され、印刷すれば、Ａ４判で三〇枚の分量がある詳細なものだった。

当時は猥褻な文書・図画や国家転覆を呼びかけるものについては法の網をかぶせることはできたが、差別的な内容は対象外であった。パケット通信の利用者は、各自がコールサインを持っていたが、架空のものや他人のそれを用いれば、発信者は特定できなかった。ちなみに当時のパケット通信の利用人口は、二、三万人だった。

このパケット通信を利用した問題の発生以降、部落の地名を曝露する者とそれを阻む、運動・行政の闘いが続く。八年後の一九九七年（平成九）年には、フロッピー版の部落地名総鑑を発売中という情報がパソコン通信で流れた。日本コンピュータクラブ連盟のサイトに掲示されたもので、そこには次のように書かれていた。

〈フロッピー版「部落地名総覧」「日本の部落」「大阪府特殊部落一覧」★★絶賛発売中★★

あなたの会社や家庭に部落民が入り込んだらどうします。

あなたの家系に部落の血が混ざったら……

想像するだけで恐ろしいですね。

結婚、就職、採用、進学などで相手の身元血筋や地区の調査は欠かせません。高い費用払って調査するよりも、まず日コン（日本コンピュータクラブ連盟＝引用者註）発売の上記

3ソフトをおためしください(中略)

もちろん新旧住居表示にも対応。明治大正時代の政府の調査や昭和平成の同和措置法、地域対策法の対象地域は全部網羅しています。

住宅地図と組み合わせたCD-ROM版もあります。セールスの秘密兵器です〉

このときは、誰がこの情報を流したのかは判明しなかったが、後にフロッピー版の部落地名総鑑が、実際に存在することがわかった。

二〇〇六年(平成一八)、大阪市内の複数の興信所から、部落の地名が入ったフロッピーが押収された。部落地名総鑑は、発覚後は法務省の指導で回収されたことになっていたが、その内容は興信所によって電子化され、保存されていた。

運動側は〈電子化されたデータは容易にコピーが可能であり、調査業界に「電子版・部落地名総鑑」が広く浸透していることが懸念される。またそれらのデータがインターネット上に流出すれば、とりかえしのつかない重大な事態に発展し、これまでの部落解放運動や同和行政の成果を大きく後退させる〉(『全国のあいつぐ差別事件 2007年度版』部落解放・人権政策確立要求中央実行委員会編、解放出版社、二〇〇七年)と危機感を募らせた。

その危惧は、後に現実となる。

†インターネットの進歩とプライバシー

一九九六年（平成八）には、わずか三・三％だった日本のインターネット人口は、翌年には約三倍の九・二％にまで増えた。以後、一年ごとに一三・四％、二一・四％、三七・一％とほぼ倍増し、二〇〇一年（平成一三）には四六・一％、五六〇〇万人に達している。

その間に、誰でも自由に書き込める掲示板「2ちゃんねる」が開設され、グーグル社が日本語による検索サービスを開始している。インターネットの利用者は、それらの掲示板に書き込んだり、自らがウェブサイトを作製し、情報を手軽に提供できるようになった。その中には差別的なもの、あるいは差別に利用されるものが含まれた。

二〇〇七年（平成一九）には、愛知県内の部落の地図や動画が、インターネットに掲載された。表紙の画面には、名古屋市内の部落の写真と地名を載せ〈B地区（ｉｎ愛知県）にようこそ〉のタイトルが付けられ、アニメで描かれた若い女性が、吹き出しで〈差別はしちゃダメだよ〉と語っている。

サイト内には、愛知県内の部落が地図上に地名とともに図示され、各部落内の写真や動画が掲載されていた。部落地名総鑑は、地名や戸数、主な職業などの情報だけだったが、インターネットでは、地区の範囲を特定するとともに、写真や動画などの視覚的情報がさらされるようになった。作成者は警告として、次のような文章を貼り付けていた。

〈同和地区及び未解決《ママ》部落への一般人の立ち入りは非常に危険です。被差別ブラ区《ママ》民は一般人に対して強い恨みと反感を持っています。同和地区及び未解決《ママ》部落への侵入はすべて自己責任でお願いします〉

このサイトは、ネット上で話題を呼び、わずか四カ月で一万五〇〇〇件を超えるアクセスがあった。どこが部落か、それがどんなところなのかに興味を持つ者が少なくないことを示す数字である。

このサイトで、特定の企業を誹謗したために名誉毀損で逮捕された人物は、後に懲役一年（執行猶予四年）の有罪判決を受けている。裁判では、インターネットの掲示板の書き込みを見て部落問題に関心を持ったことが明らかにされた。おそらく差別的な書き込みであろう。

犯行動機について、「他の人もやっており、大きなことになると考えなかった」「世の中に出るのが怖く、二年くらいパソコンでネットやゲームをしていて（サイトを作ったときは）充実感があった」と語っている。自らの閉塞状況を打開するために部落をもてあそび、差別を楽しんでいたわけである。なんとも陰湿な世界ではある。

自由な表現の場は、ときとして差別者の楽園となる。同じような問題が、翌二〇〇八年（平成二〇）に、東京にターゲットを絞って起こった。都内の民家や工場などを写し、〈およそ人の住む場所ではない。やはり部落は実在したんだ〉〈ここは、まさに部落地名総鑑に載っている地域。〇〇警察署のすぐまん前だよ〉などと書き込まれていた。

同年には、インターネットで、道路上から見た風景を画像で見ることが可能になった。グーグル社の「ストリートビュー」である。住所を検索すると目的の場所が映し出されるシステムで、サービスの開始後、すぐにネット版部落地名総鑑とあわせた情報が書き込まれた。

このようにインターネットにおける技術革新は、新たな火種を生んだ。古地図を手にして歩くことがブームになっていることからグーグル社は、二〇〇九年（平成二一）に、現在の地図に古地図を重ね合わせることができるサービスを始めた。ところが東京の古地図に「穢多村」が記載されていたことから、差別に利用される恐れがあるとして、国会でも問題になった。部落解放同盟と総務省の働きかけで「穢多村」は消去されたが、地図の一部が真っ白なのは、これはこれで不自然ではある。

古地図問題は、それまでにも書籍や博物館での展示などでも問題になってきた。ルーツに起因する部落差別への反対運動が、場合によっては自らのルーツを曖昧にしなければならないという矛盾が、現在も続いている。

†ネット版部落地名総鑑の登場

二〇一六年（平成二八）三月一〇日。参議院法務委員会で、有田芳生（民主党＝当時）が、約四〇年前に発覚した部落地名総鑑について触れたあと、それと同じようなものがネット上で流れていることを指摘した。その上で、「（東京法務局が）本省と相談をして（サイト管理者に）削除要請をした。削除できたんでしょうか？」と問いただした。

これに対し、法務省の岡村和美・人権擁護局長は「削除要請をおこなったかどうかについてはお答えを差し控えさせていただきます」と述べるにとどまった。その理由を聞かれた岡村局長は「これからの調査、救済にも影響いたしますので、法務省とサイト管理者等との信頼関係を保持するために、一般的に個別の案件についてのお答えは差し控えております」と答弁した。サイトの管理者とは、その作成者あるいは、発表の場を提供している企業である。部落住民のプライバシーよりも、サイト管理者との信頼関係を優先するかのような発言だった。

有田議員は、核心に迫った。以下は両者のやりとりである。

有田「東京法務局と部落解放同盟東京都連が話し合った結果、そこで問題になったサイトというのは削除されているんですか、されてないんですか？」

局長「法務省の人権擁護機関では、関係行政機関からの情報提供を通じて、差別を助長、誘発することを目的として、特定の地域を同和地区であるとする情報がインターネットに掲載されている事案を認知した場合は、当該情報の削除をプロバイダー（サイト管理者＝引用者註）等に要請するなどの対応に努めております」

有田「結論を言いましょう。削除されてないんですよ」

有田議員が追及するネット版部落地名総鑑は、被差別部落の地名やその位置が、簡単に調べることができるサイトである。それらを明らかにする地図が、ここ数年、削除されることなく、堂々と掲載され続けていた。サイトの作成者は、同和地区を記録した公的な資料や運動団体が地区を図示した図書などを参考にし、詳細な部落地図を自らのサイトに掲載していた。運動団体や法務局が、サイト管理者に削除要請をおこなったが、法的拘束力がないため、いまだに公開されている。

サイトに差別につながりかねない情報が掲載されているのは、サイトを管理している企業がそれを放置しているからでもある。サイト上の差別的な書き込みを防ぐのは、不可能である。いつの時代も、それを楽しむ人間がいるからだ。ただし、内容によっては、企業が毅然とした態度をとれば、削除することは可能だ。要はその意志や文化があるかどうかであろう。

たとえばニコニコ動画は、裸体は即時に削除されたり、配信停止されたりするが、「朝鮮人を殺せ!」などの民族差別は、そのまま放置されている。その基準は恣意的で、著しくバランスに欠ける。これでは裸はダメだが、民族差別はオッケーととらえられかねない。

日本では政府もサイトを管理する企業も、差別問題に関する意識が低すぎるのである。

ちなみにドイツ政府は、二〇一五年(平成二七)、フェイスブック、グーグル、ツイッター上で、ヘイトスピーチ(差別扇動表現)を発見すれば、二四時間以内に削除すると発表した。上記各社に専門家チームを置き、監視を続けている。ネット社会の差別扇動にどう対処するかという問題は、ドイツに限らない。

このネット版部落地名総鑑の作成者の鳥取ループ(宮部龍彦)は、サイトで自らを〈同和マニア〉〈趣味で同和について研究しています〉と述べ、つくった動機を以下のように説明している。ちなみに彼は、住所、名前が掲載された電話帳をネットに掲載し、京都の男性から個人情報を公開されたとして提訴されている。

〈きっかけは、二〇〇七年から二〇〇九年にかけて滋賀県愛荘町というところの役場に同和地区の場所を電話で問い合わせた人が糾弾されたことです。私は同時期に愛荘町に同和地区の場所を情報公開請求（つまりは書面で問い合わせ）したのですが、糾弾されませんでした。なぜなら情報公開請求は条例で定められた行為だからです〉

公開請求は〈ふと湧いてでた〝いたずら心〟〉であったことを著書（『部落ってどこ？部落民ってだれ？』鳥取ループ・三品純、示現舎、二〇一一年）で明らかにしている。

鳥取ループは、二〇〇八年（平成二〇）に、滋賀県が作成した同対事業の資料の公開を訴え、最高裁まで争った。二〇一四年（平成二六）に「公開すれば差別を助長するおそれがある」として、資料の非公開を妥当とする判決が下った。だが、くだんの滋賀県の同対事業関連資料は、現在もネット上で公開されている。法的には問題がないからだ。

二〇一六年（平成二八）二月には、ネット上で数カ月前から公開していた『全国部落調査』を、アマゾンを通じて書籍販売することを告知した。同調査は、前記したように、内務省が全国の部落を精査し、地名、人口、主な職業などを明記したもので、一九三六年（昭和一一）に刊行された。部落地名総鑑の原資料と言われている。だが、「心ある人たち」（前述の参議院法務委員会での有田議員の発言）が、アマゾンの本社に英文で抗議し、同社は販売を中止した。部落解放同盟は、出版社がある横浜地裁に、出版と販売の差し止めの仮処分を申し立てた。地裁は同年三月、申し立てを妥当とし、出版は差し止められた。朝日新聞デジタル版によると、鳥取ループは「出版は研究目的であり、禁止は学問の自由や表現の自由の否定だ。仮処分が出ても、題名と名目を変えて出版する」とコメントしている。

同年四月には、部落解放同盟がネット版の『全国部落調査』の削除を求めて仮処分を申請し、横浜地裁はそれを認めた（鳥取ループは別のサイトを開設し、同じ情報をアップし続けている）。同時に部落解放同盟は、「差別を助長する」などとして、ネットで情報を公開した鳥取ループに対して、二億三〇〇〇万円の損害賠償を求めて東京地裁に提訴した。二〇二一年九月にプライバシーの侵害を認め、有罪判決が下された。

これ以前にも鳥取ループは、大阪や滋賀、出身地である鳥取の部落の地名や住所をサイトで明らかにし、グーグルマップに図示していた。これらを利用すれば、簡単にどこに部落があるのかを調べることができる。

前掲の自著で鳥取ループは〈本物の部落地名総鑑がネットで公開されたり、あるいは同和地区住民のリストのようなものがネットに流出したりしたとしても、いまさら深刻な差別というのは起こらないだろうと私は考えている〉と主張している。後述するが、ネット版部落地名総鑑はすでに「ヤフー知恵袋」などで〝活用〟されており、〈深刻な差別〉が発覚するのも遠いことではないだろう。

滋賀県の同和地区を情報公開請求し、ネットでもそれを公開するのは、〈趣味で同和について研究し〉〈ふと湧いてでた〝いたずら心〟〉で、運動団体に対する、からかいや嫌がらせであることは、本人が自著で明らかにしている。だが、ことは運動団体だけで済まない。運動団体とは何の関係もない部落民に累が及ぶことは、想像に難くない。

そもそも部落の「どこ」と「だれ」を明らかにするのは、基本的には部落民自らであり、第三者が介入すべきことではない。それらの情報は、他者によってさらされてはならないはずである。他者によってなされる場合は、当事者との関係や状況が問われる。それはなにも部落問題に限ったことではなく、障害者、同性愛者などあらゆるマイノリティにも言えることであろう。

鳥取ループは『全国部落調査』を、「同和地区w・i・k・i」というサイトで公開していた。

サイトの趣意、目的には〈全ての同和地区（別名・被差別部落、未解放部落、あるいは単に「部落」、「路地」）の正確な情報を調査することです〉と明記した上で、部落出身者や関係者の発言や文章を掲載している。そのすべてが、部落民からの解放ではなく、部落民としての解放を訴えるものばかりである。つまり、隠すことでは差別はなくならないという主張である。

その考え方に、私とて異存はない。だが、その文章を担保にして、第三者が部落の地名や場所を公開するのは、まったく違う意味を持つ。部落出身者は、場所や状況を選びながら公表してきたからである。

ところがやっかいなことに、部落出身を明らかにしているノンフィクション作家の上原善広の主張が、同サイトで引用されている。

〈鳥取ループの運営する示現舎が『全国部落調査』を刊行するそうです。ぼくはこの出版自体は良いことだと思います。なぜなら、水平社運動《ママ》宣言に書かれた『穢多《ママ》であること《ママ》を誇りうる《ママ》ときが《ママ》きた《ママ》のだ』という言葉と、『住んでいるところを隠す』のは矛盾しているからです。なぜ誇りをもっている故郷を隠さねばならないのか〉

上原はブログやツイッターでも〈路地（部落＝引用者註）の人々の誇りを取り戻すとい

う意味では画期的な出版〉と手放しで賞賛している。立場を誇ることの奇抜さについてはすでに述べた。

繰り返すが、部落の「どこ」と「だれ」は、誰によって情報を開示されるかが問題であろう。上原や私が立場について言及するのと、全国の部落が第三者によって公開されるのとではまったく意味が違う。上原が部落民を誇るのは勝手である。だが、故郷に誇りを持たない（持てない）人が大勢いる中で、〈誇りを取り戻すという意味では画期的〉と書くのは、部落民の多様性を無視した暴論であろう。

ちなみに、部落民としての解放を、一般論として語ったり記述したりしている活動家はいるが、示現舎の『全国部落調査』を挙げて出版を称揚しているのは、上原だけだ。このノンフィクション作家の怪しさについては、次章でも述べる。

†差別の再生産も

どこが部落かを知りたい者にとって、インターネットほどありがたいツールはないだろう。ネットの各種サービスは、表現の自由を担保に、ほとんど無法地帯と言える場になりつつある。

質問をすれば、たちどころに回答が寄せられるサイトがある。その代表的な存在が「ヤフー知恵袋」で、ありとあらゆる質問、相談が寄せられ、たちまち回答が寄せられている。

このサイトに、「〇〇市に部落はありますか？」「〇〇は部落ですか？」「部落民はどうやって見分けることができますか？」などの質問が多数寄せられている（中には差別的な質問や回答を投稿するマニアもいる）。インターネットの利用者であれば誰でも閲覧でき、質問によっては万を超すアクセスがある。

印刷された雑誌や単行本は編集者がいて、表現や内容についてはチェックを受ける。ネットのサイトは、そういった安全装置が存在しないに等しい。したがって人に聞くのが憚られるような質問や、何のチェックも受けていない回答が、多数寄せられている。相談者も回答者も、例外なく匿名かハンドルネームを用いていることも〝治外法権〟を促す要因になっている。

よくも悪くもこのサイトは、現在の部落問題を浮き彫りにしている。「どこに？」という質問があれば、回答者は地名を挙げて答える。鳥取ループのネット版部落地名総鑑も重宝されている。

相談における部落関係の問い合わせは、マイホームを購入したり、引越したりする際の参考にしているようだ。部落を避けるために、このサイトが利用されているわけである。部落に関するさまざまな悩みに、「現在は差別なんかない」「気にすることはない」と答えている回答者がいるが、相談や質問は、図らずも現在の部落問題を浮き彫りにしている。

交際した相手が部落出身者だが、結婚するのはやめたほうがいいか？　結婚後に主人が部落民であることがわかったが、どう考えたらいいのか？　引越した先がたまたま部落だったが、子どもは差別されるのか？　自分が部落民でないことをどう証明したらいいのか？　部落出身の自分は、今は実感はないがいずれ差別されるのか？　部落差別はまだあるのか？　そもそも部落とは何なのか？……

これらの問いから、部落と接点があった人たちの激しい動揺が伝わってくる。相談者は、部落と接点を持つこと、あるいはそう見られることが不安で仕方がないのだ。

質問に対する回答は、いい加減なものが少なくない。知識は中途半端なものが多く、一部を普遍化して語っている。回答に登場する部落民は粗暴で、部落は暴力が支配する街といった、昔ながらのステレオタイプな視点・表現が目立つ。また、同対事業を「部落民の強欲」といった物語に落とし込み、事業が終了してからも、公営住宅の家賃は格安で、税金は免除という事実誤認が垂れ流されている。

「○○であれば（部落でないから）大丈夫」「（○○は）危険地帯」「近寄らないこと」「交通事故には気をつけて」などといった回答が、いつまでも公開されている。このような回答に数千、数万のアクセスがある。ネットを通して部落問題を初めて知る人にとって、部落は〝とんでもない場所〟〝できれば避けたいところ〟に映るだろう。

救いは部落居住者の回答で、他地区とさほど変わりがないこと、いろんな部落民がいるという当たり前のことを淡々と語っている。ただ、圧倒的に部落に対する罵詈雑言が書き込まれているので、冷静な意見はそれらにかき消されてしまいがちである。

ふだんは見ないインターネットの部落問題関連サイトや質問・相談を、本稿を書くために読んだが、暗澹たる気持ちになった。個人的には見なければ済むだけの話だが、影響力を考えると、それで済む問題ではない。

インターネットによって、差別は再生産される。ならば、ネットを使った反差別運動も可能である。部落問題は、あらたな局面に直面している。

明治初期の賤民廃止令以後の一世紀半を見てきた。長い目で見れば、部落差別は反差別運動や、それに歩調を合わせた同和行政・教育によって、弱まってきたと言える。だが、インターネットの進歩は、それをあざ笑うかのように歴史を逆行させようとしている。

部落を暴こうとする者と、それを阻止しようとする者の争いは、いたちごっこである。ここ十数年のインターネットの普及で、暴く側のスピードが加速し、部落の「どこ」が、より明確になってきた。「どこ」は、次は「だれ」につながるだろう。

ネット上でいったん開示された情報は、回収することは絶対に不可能である。誰かが必ず、保存している。その情報は必ず、再利用される。部落地名総鑑がその好例だろう。

情報化社会の到来で、かつての被差別部落の記録が、よみがえろうとしている。それどころか情報は書き加えられ、更新されている。その情報を現代社会がどう受け止めるのか。忌避の対象とするのか、関心を持って部落問題への理解を深めるのか。あるいは無関心をきめこむのか――。

賤民廃止令から一五〇年が経とうとするいま、ふりだしに戻ったような気がする。

第二章　メディアと出自——『週刊朝日』問題から見えてきたもの

タレント弁護士を経て大阪府知事に就任していた橋下徹氏が、二〇一二年（平成二四）に大阪市長選に出馬した。マスコミは彼の政治的手腕や出自を報じ、やがてそれは加熱していった。ノンフィクション作家の佐野眞一氏は、『週刊朝日』誌上で、橋下氏の人間性と父親が部落出身であることを結びつけて書いたため、本人から抗議を受け、連載は一回で打ち切られた。版元の朝日新聞出版は橋下氏に謝罪し、社長や編集長らが更迭された。稀に見る筆禍事件であった。

『週刊朝日』は、全国水平社の結成と同じ、一九二二年（大正一一）に創刊された長い歴史を持つ。一九五七年（昭和三二）には一二ページの特集『部落を解放せよ　日本の中の封建制』を掲載し、週刊誌の部落問題報道では先駆者的な役割を果たした。それから半世紀余りが経ち、同誌は変質していた。

記事には出自がどのように描かれていたのか？　佐野氏の記事を検証するとともに、それより前の橋下出自報道についても追跡する。

本稿を書くにあたって、橋下氏にインタビューを所属事務所を通して申し込んだが、「いま何も言うべきことはない」と取材は断られた。いつの日か語ってくれると信じたい。

†悪意に満ちたタイトルと内容

ノンフィクション作家の佐野眞一氏が『週刊朝日』に書いた問題の記事は、タイトルからして挑発的であった。姓は出身地と結びつく場合がある。前大阪市長の橋下徹《はしもと》氏がそうだった。佐野氏も編集部もそのことに頓着せず、連載タイトルを橋下氏の父親が以前に名乗っていた「ハシシタ」とした。

場合によっては、本人が触れられたくない事実にも触れなければならないのがノンフィクションである。だが、それをタイトルにするのは、いくらなんでも無神経すぎる。

後に佐野氏はこのタイトルが付けられた経緯について、自著『ノンフィクションは死なない』(イースト新書、二〇一四年)で明かしている。「ハシシタ」というタイトルは、自らが書いたソフトバンクの創設者・孫正義氏の評伝『あんぽん　孫正義伝』(小学館、二〇一二年)を気に入った『週刊朝日』の編集スタッフが提案したという。

この〝あんぽん〟というタイトルは、孫氏の蔑称だった。佐野氏は『あんぽん　孫正義伝』の冒頭で、次のように記している。

〈孫正義は一九九〇年九月に日本に帰化した。帰化前の名前は、安本正義だった。

中学時代、孫は旧姓の安本をそのまま音読みして、「あんぽん」と言われることをひどく嫌っていた。それは「あんぽん」の語感が、「あんぽんたん」という侮蔑語につながるからだけではない。「あんぽん」という韓国風の発音が、自分の出自を隠して生きてきた孫の自尊心を深く傷つけたからである〉

自尊心を傷つけるため、本人が嫌がっていた名前をタイトルにするのは、無作法に過ぎる。ただ、このタイトルは、なぜか問題にならなかった。同じタイトルで文庫化もされている。

『ノンフィクションは死なない』で佐野氏は『週刊朝日』で始まった連載タイトルについて〈このタイトルは、血脈問題に深く踏み込もうと意図したのではなく、私は橋下一家の軌跡を日本の近代化や高度経済成長の歴史の流れのなかで捉えようと思っていたので、これ（編集部の提案＝引用者註）に賛成した〉と述べた上で〈当時、それが差別を助長することにつながるとはまったく思わなかった。だが、のちに「ハシシタ」の名前自体が血脈にかかわりがあると指摘された。これは迂闊ではすまない問題だった〉と総括している。

孫氏の〝あんぽん〟が民族差別と関係していることは関知しながら、〝橋下〟の読み方が血脈に関係ないと思ったというのは不自然である。それを知っていたからこそ、タイトルに付けたのではないか。タイトル問題については、後に詳述したい。

サブタイトルの「奴の本性」も、いかにも悪意に満ちている。佐野氏は前掲『ノンフィクションは死なない』の中で、橋下氏について〈正直に言えば、私は橋下にははじめから好意を持てなかった。それはコロコロ変わっているように見える政治理念や、あまりにも非寛容に聞こえる物言いなどの点から来ている。それは取材を始めてからも変わることはなかった〉と書いている。

いくら好意が持てないからといって「奴の本性」はないだろう。メインタイトルもサブタイトルも、悪意と嫌悪感がはっきり出過ぎている。

記事の内容を説明する編集長による前文は、次のように書かれている。

〈大阪府知事になって五年弱。橋下徹は一気に政界のスターダムの座をもぎ取った。だが、彼への評価は賛否に分かれ、絶賛と嫌悪の感情は決して混じり合わない。彼の本性をあぶり出すため、ノンフィクション作家・佐野眞一氏と本誌は、彼の血脈をたどる取材を始めた。すると、驚愕の事実が目の前に現れた。第一回は、彼の実父の話から始める〉

なんとも仰々しい文章である。前文で橋下氏の本質をあぶり出すために血脈をたどることをはっきりと宣告している。発表された『週刊朝日』の表紙には〈橋下徹のDNAをさかのぼり本性をあぶり出す〉とある。いずれも本文の要約であるが、血脈と人物を強調している。この謳い文句は、電車の中吊り広告などでも使われた。

問題の記事は、二〇一二年（平成二四）九月に大阪市内でおこなわれた、日本維新の会の旗揚げパーティーの場面から始まる。佐野氏は、会場で料理を口に運んでいた九〇歳の男にインタビューしている。以下、引用する。

〈阪神タイガースの野球帽をかぶった関西弁丸出しのおっさんは、こんな話から始めた。
「橋下さんの父親は水平社あがり（被差別部落出身）で、それに比べて母親の方は純粋な人やと思う。これは私の持論なんやけど、一般的に子どもは親父《おやじ》の精子が八〇%、女の卵子が二〇%の割合で結合するわけや。けど、橋下さんの場合はこれが逆で、母親の卵子の割合が八〇%やったと思うんや。だから、橋下さんは母親が立派な人やったなと思うんですわ〉

父親が水平社上がりとは、水平社のメンバーであったことを指すが、そのような事実はない。（　）内にあるように、被差別部落出身と言いたかったのであろうが、誤解を生む表現である。また、書きっぱなしで何のフォローもない。

母親の〈純粋な人〉という表現も、問題であろう。これだと部落出身者は〈純粋でない〉ことになってしまう。そもそも〈純粋な人〉とは誰なのだろうか？〈母親の卵子の割合が八〇％〉だから〈母親が立派な人〉という理屈もわからない。これも部落出身者が〈立派ではない〉と受け取れてしまう。

野球帽をかぶった老人の表現は、露骨である。それをそのまま引用し、何の説明もフォローもない。下品な発言の垂れ流しで終わってしまっている。

記事の後半で、佐野氏はさらにボルテージを上げる。

〈この連載で私が解明したいと思っているのは、橋下徹という人間そのものである。もし万が一、橋下が日本の政治を左右するような存在になったとすれば、一番問題にしなければならないのは、敵対者を絶対に認めないこの男の非寛容な人格であり、その厄介な性格の根にある橋下の本性である。

そのためには、橋下徹の両親や、橋下家のルーツについて、できるだけ詳しく調べあげなければならない〉

なぜ、〈非寛容な人格〉〈厄介な性格の根にある〉〈本性〉が、橋下氏の両親やルーツと関係があるのだろうか？　前の九〇歳の老人の話と合わせると、橋下氏の人格的な問題は、父親が部落出身であるからだと言っているのと同じである。

このあと佐野氏は、橋下氏の父親の縁戚にあたる人物を取材し、父親が八尾市の被差別部落で生まれ、暴力団に所属し、覚醒剤を常習した末に自殺したこと、父親の弟の子ども（橋下氏の従兄弟）が殺人を犯したことを語らせている。

†過剰なまでの家系重視

記事が掲載された『週刊朝日』は、二〇一二年（平成二四）一〇月一六日に発売された。書かれた橋下氏は、その二日後の記者会見で「僕は公人でありますから、一定の範囲で両親や先祖のことだったり、必要に応じて報じられるのは仕方がないと思っています」とした上で「ルーツだったり、親だったり、特に育てられた記憶もない実父のある意味、生き様だったり、もっと言えば、当該特定の地域が被差別部落だったり、そういうことを出して、僕の人格を否定する根拠として徹底的に調査する、暴いていくっていう、その考え方自体を問題にしております」と述べた。

このとき橋下氏は、父親に育てられた記憶がないことを語っている。その約二週間後には、ツイッターで〈実父の出自も今回の週刊誌報道で初めて知った〉と報告している。

後に発表された第三者機関の調査報告書によると、この会見を受け、版元の朝日新聞出版の顧問弁護士は、会社側に「決定的な問題は、地区（橋下氏の父親が生まれ育った部落＝引用者註）を特定していること。その地域の住民に対する差別を助長するもので、重大な人権侵害だ。タイトルからして問題があり、連載中止の判断もありうるのではないか。もし、中止を決めるなら、いますぐ早急に対応すべきだ」とアドバイスした。

朝日新聞出版は、翌一九日に連載の中止を発表した。週刊誌の連載が、一回だけで終わるのは異例である。『週刊朝日』は翌週号で〈同和地区を特定するなど極めて不適切な記述を複数掲載してしまいました。（中略）橋下徹・大阪市長をはじめ、多くのみなさまにご不快な思いをさせ、ご迷惑をおかけしたことを心よりおわびします〉という編集長名の謝罪文を載せた。

マスコミは一斉にこの問題を大きく報道し、テレビのワイドショーなども取り上げた。私はすぐに記事の内容を確かめるべく、大阪市内の書店に何軒か行ったが、『週刊朝日』はどこも売り切れだった。騒ぎで売れたのではなく、橋下氏のルーツが、衆目を集めたのだった。書かれている内容はともかく、だれが部落民であるかを多くの人が興味を持ち、それを掲載した雑誌が売れるのである。

後に第三者機関による関係者への調査で、この連載が〈編集部の「目玉企画」として部数増対策の一環〉に位置づけられていたことが明らかになったが、その目的は一時的には達成されたと言えよう。

それから四カ月後の二〇一三（平成二五）年二月。東京でおこなわれたマスコミ関係者のシンポジウム（「憲法と表現の自由を考える出版人懇談会」主催）に、連載中止後、佐野氏が初めて公の場に姿を見せた。佐野氏は連載で書きたかったことについて、次のように語った。

「僕が唯一、実践としてスケッチとして描きたいと思ったのは、彼の政策。これは過激な競争主義と言ってもいいと思います。それと俗耳に入りやすいスローガン。これはかつての部落解放運動の過剰な平等主義に対する反発があるんじゃないかというのが、僕のモチーフでした」

被差別部落民に対する手厚い保護への反発が、優勝劣敗を是とする政治家を生んだ、というわけである。佐野氏はくだんの『週刊朝日』の記事でも橋下氏を〈恵まれない環境で育ったがゆえにそれを逆バネとした自負からくるエリート実力主義〉と批判している。

私はこのシンポジウムに聴衆として参加していたが、この説明を本人から聞いて「彼の政策と部落解放運動の問題点を結びつけるのは、無理があるのではないか」と思った。私は会場から佐野氏に「非寛容な人格、厄介な性格を、なぜ橋下氏の両親やルーツと結びつけるのですか？」と質問した。佐野ルポへの疑問は、これに尽きる。

佐野氏は「人物を過去にさかのぼって、彼の父親、あるいはおじいさん、おばあさんのことを描くのは当然のこと。人物表現の根幹をなすことだと思っています」などと一般論を述べるにとどまった。そんなことはわかっている。私が聞きたかったのは、仮に人格や性格に問題があったとしても、なぜそれを出自に求めるのか、という点である。

私に言わせれば、佐野氏のルーツからつくりあげる人物像は、多分に思い込みと想像で練り上げられている。この手法は、なにも『週刊朝日』の記事に限らない。

たとえば『別海から来た女　木嶋佳苗　悪魔祓いの百日裁判』（講談社、二〇一二年）では、三人の男性を殺害したとして一審で死刑判決を受けた木嶋佳苗被告（現在、東京高裁に控訴中）について、次のように記している。（　）内は、引用者の註である。

〈それにしても、農業もできない（福井県の）山深い荒地から、国にだまされて、やはり農業もできない北海道の不毛地帯に移住してきた木嶋家の歴史はすさまじい。木嶋佳苗の血のなかには父祖伝来のその怨念がこもっていたような気さえする〉

また、木嶋佳苗被告の母親に対しておこなわれたインターホン越しのインタビューを、語尾を伸ばし、含み笑いまでして答えたと描写した上で、こう続けている。
〈淳子の態度には、娘が世間を騒がせて申し訳ないという母親の殊勝さは感じられなかった。むしろふてぶてしさのようなものまで感じさせて、たじろがされる思いだった。
そして木嶋佳苗の特異な性格は、この母親から受け継いだものではないかという思いが、ふと胸の内をよぎった〉
家の過酷な歴史と一個人を安易に結びつけ、〈血〉の中に〈父祖伝来の怨念〉を見つけ出し、娘の〈特異な性格〉を母親の〈ふてぶてしさ〉で説明する。橋下氏の〈非寛容な人格〉〈厄介な性格〉を調べるためには、彼のルーツを調べなければならない、という理屈と同じである。過剰なまでの家系重視と言うしかない。

†ルーツ暴きは『朝日』以前から

橋下氏のルーツについては、『週刊朝日』の佐野記事以前に、他の週刊・月刊誌やムック本などで何度も報じられた。その嚆矢となったのが、フリージャーナリスト・一ノ宮美成氏らの執筆による「橋下徹府知事と大阪維新の深い闇」(『別冊宝島Ｒｅａｌ　平成日本タブー大全2008』所収、宝島社、二〇〇八年、後述する論考も同じようなタイトルなので、以下「別冊宝島」とする）である。

この記事によると、橋下氏は二〇〇八年（平成二〇）一月の大阪府知事選挙に出馬した際、父親の故郷の八尾市を訪れ、「私は（旧同和地区であった）安中《やすなか》地区に住んでいました」と発言したという。

橋下氏は、当選後も〝部落民宣言〟をおこなっている。府議会で共産党府議が、部落差別は基本的には解消されており、同和行政を完全終結する必要があるのではないかという主旨の質問をした。これに対し橋下氏は「私は、いわゆる同和地区というところで育ちましたが、現在、同和問題はまったく解決されていないと認識しております」「差別意識というのは、実際に私の周りで、現にあると認識しております。実体験（実際の発言は「原体験」）をもとに、同和問題は解決されていない」などと答弁した。

別の共産党府議の同和行政・部落解放同盟批判に対して橋下氏は「何か解放同盟の活動全部、すべてが悪い、全否定されていると思われるが、それはおかしい。府民の視点からわかりにくい点があるかと思いますが、解放同盟の活動があったからこそ、不合理な差別が解消されてきたという事実も、厳然たる事実だと思っております」と答えた。

共産党は路線の相違から、部落の住環境改善や就労・進学保障などを推進してきた部落解放同盟と対立してきたため、府議が橋下氏に同和行政の基本認識を問うたのだった。

共産党系ライターの一ノ宮氏は、この記事の中で、新知事の政治手法を問題にした上で、橋下氏が部落解放同盟を〈全面的に擁護、賛美する発言を行なっている〉とし〈なぜそこまでこだわるのか〉と疑問を呈している。さらに知事自身が議会で語った同和地区での居住歴に〈「原体験」が起因していると見ていい〉と述べ、橋下氏の成育歴とルーツをたどっている。

橋下氏は議会で歴代の知事と同じように、部落解放同盟が差別解消のために一定の役割を果たした、と言っただけで、〈全面的に擁護、賛美〉はしていない。現に答弁では、同和対策について「ゼロベースで事業の点検、見直し」をおこなうことを明言している。

府知事選に出馬を決めた直後、橋下氏は、ある雑誌に「僕のひとつ上の世代は、同和差別を受けてきたと思っています。しかし、僕らの世代は同和対策をすることがかえって、差別を助長すると考えています。したがって、同和対策の予算は限りなくゼロにすべきです」と発言している（『FLASH』二〇〇八年一月一・八日合併号、光文社）。

当選前も当選後も、橋下氏の姿勢は〝同和対策ゼロベース〟で一貫している。部落解放同盟よりも、むしろ共産党に近い。

私は橋下氏が解放同盟を〈全面的に擁護、賛美〉し〈思い入れがある〉とはまったく思わない。それどころか、同和対策事業で建設された施設を次々に閉鎖するなど、部落と事業の痕跡を消去することに邁進してきた。そのため部落解放同盟は〝反橋下〟の旗幟を鮮明にするが、本稿はそれがテーマではないので、これ以上は触れない。

共産党系のライターである一ノ宮氏が、対立する解放同盟を叩くのは、ある意味で当然である。だが、放った矢はセンシティブな問題にも触れている。橋下氏の叔父が経営し、解放同盟傘下の組織に所属していた水道工事会社が倒産したことを述べたあと、こう続けている。

〈倒産時、多額の借金を抱えていたため、「貸した金を踏み倒された。なのに謝るどころか、平気な顔をして外国車を乗り回している。なにが『ハシモト』や。一〇〇人が一〇〇人『ハシシタ』と読むわ」と、今なお怒りが収まらない住民もいる〉

叔父の倒産問題と姓の読み方を、なぜ結びつける必要があるのだろうか。読み方が違うのは、橋下氏のあずかり知らない事柄ではないのか。住民の怒りを利用した悪質な暴露記事である。

一ノ宮氏は記事の中で、複数の地元住民の証言として、以下の〝事実〟を掘り起こしている。

①五、六歳ころまで家族と一緒に、八尾市・安中地区にある市営の同和向け住宅に住んでいた。

②その頃は「ハシモト」ではなく、「ハシシタ」と名乗っていた。今でも叔父、叔母は安中地区に住んでいる。地元の住民は全員「ハシシタ」と読む。

③父親の事情で安中を出なければならなくなり、一家は東京に引っ越した。父親は東京で死亡した。

④橋下氏が小学五年生の時に、母親と共に大阪府吹田市に引っ越し、その後、大阪市内の同和地区・飛鳥地区にある府営住宅に移り住んだ。

⑤父親は「組織」（暴力団＝引用者註）に所属していた。

これらを列記した上で〈橋下知事の異様なまでの解放同盟への傾斜は、幼少時から部落解放同盟がきわめて身近な存在であったという、それこそ「実体験《ママ》」があるからなのだろう（もちろん、そうした環境に育っても、解放同盟を賛美する人ばかりではないことを指摘しておく）〉と記述している。

†破綻する生育歴の取材

一ノ宮ルポが出た翌年に、橋下氏の生育歴に触れた記事が、『週刊ポスト』（一二月二五日号、小学館）で報じられた。ノンフィクション作家・森功氏の執筆による「「橋下徹と部落差別」同和対策事業終結の迷走」である。レポートは大阪府の公共事業に、部落解放同盟系のグループが参入していることを俎上に載せている。その背景に橋下氏の生育歴があるかのような論調は、一ノ宮氏と同じである。

この中で森氏は、共産党府議の質問に、橋下府知事が同和地区で育ったと発言したことを引用した上で〈本人が答弁で明かした「同和地区」とは大阪府八尾市にあり、そこで育ったという〉と記している。

この記事が出たあと、橋下氏は定例記者会見で次のように語っている。

「『週刊ポスト』の中で、僕、八尾出身となってますけど、東京都出身なんで。八尾は死んだ父親の関係の親戚が住んでいるだけで、住んだことは一度もありません。そこだけは事実誤認です。選挙のたしか立候補の記載か何かで、東京都出身か何かとか書くので、虚偽記載とか何かと言われると僕いやなので。念のため」

あっさり、八尾での居住歴を否定した。虚偽記載を避けるための発言なので、確実であろう。

一ノ宮氏は、二〇一二年(平成二四)に刊行した『橋下「日本維新の会」の深い闇』(宝島SUGOI文庫、宝島社、以下「SUGOI文庫」とする)の中で、この橋下発言について、次のように解説している。

〈八尾市安中地区に住んでいたという演説での本人の発言と、東京生まれで安中に住んだことがないという記者会見での発言は、まったく相反する。真実はどこにあるのか。「出自」をめぐる謎は深まるばかりである〉

まるで他人事のように書き、五、六歳ごろまで八尾市内の同和向け住宅に住み、「ハシシタ」と名乗っていた、という自らの記述を検証していない。これでは複数の地元住民の証言が真実なのかどうか、はなはだ怪しい。本当に取材をしたのか、という疑念はぬぐえない。

八尾・安中地区在住の知人は、私の取材に次のように語った。

「父親やおじいちゃんの法事でこっちに来てた、と証言する住民がいることは確かです。なにけど、橋下さんがもしここの生まれ育ちだったら、地区内の保育所に入ってるはず。なにせうちは全入（全乳幼児が入所）ですから。彼を知ってる同級生が一人もいないということは、ここに住んでなかったということです」

地元の住民は、橋下徹八尾居住説を否定する。一ノ宮氏は、いったい誰に取材したのだろうか。

東京から大阪・吹田市に引っ越したあと、大阪市内の被差別部落・飛鳥地区に住んでいたという記述は、明らかに間違いである。一九六九年（昭和四四）以降に始まる同和対策事業で建設された公営住宅は、基本的に市営である。つまり行政によって同和地区住民と認定された人々は、集合住宅に住む場合、同和対策事業によって建設された市営住宅に居を定める。

府営住宅は、飛鳥地区を取り囲むように一〇棟近くが建てられていて、橋下家が住んでいたのは飛鳥地区から数十メートル離れた場所にある。つまり橋下氏は、飛鳥地区には住んでいない。

飛鳥地区の住民は、橋下飛鳥居住説を次のように否定する。

「僕は長いこと飛鳥の子ども会の指導員をしてたけど、（橋下氏が飛鳥にいたことは）知らんなあ。うちはそんな大きな部落じゃないので、もし地区内に住んでたら、把握してるはず。同和対策を受ける権利があるのに、頑として断ったとか、どこかの雑誌の記事に書いてあったけど、そもそも住んでないから対象ちゃうやん。同和対策は全然関係ない。ただ、ストーリーとしては面白いんやろね。安中の部落《ムラ》出身で、東京へ行って帰ってきたら、そこもまた部落やったって。僕だけと違《ちご》て、ここの町会長も連合町会長も〈橋下氏が〉飛鳥には関係ないと言うてるよ」

この住民は、橋下氏を排除したいがために言っているわけではない。そんな事実がないのである。

八尾・安中在住説と同様、一ノ宮氏の取材は、とにかくいい加減である。別冊宝島でも〈大阪東淀川区の飛鳥地区の府営住宅に住んでいた橋下知事は、本人の認印さえあれば、高校・大学の同和奨学金（別途支度金も支給）を受けられる立場にあった〉と指摘している。

だが、住民が言うように、地区内に住んでいれば奨学金の受給資格はあるが、地区外であれば対象外である。また、奨学金を受給するには、制度ができた歴史的な背景を学習する必要があり、説明会に出席できなければレポートを提出しなければならなかった。〈認印さえあれば……〉などという単純なものではない。

一ノ宮氏はSUGOI文庫の中で〈そもそも『週刊朝日』と佐野眞一氏は、同和問題、同和地区について何も理解していない。理解していない作家や編集者が〝出自〟だけをテーマにして、それも報道倫理に反した記事を公表すれば、今回のような結末になることは目に見えている〉と喝破しているが、何をかいわんや、である。

しかも一ノ宮氏の記事は、父親の出身部落の地名や前の姓の読み方も、佐野氏の記事に先んじて明記している。〈報道倫理に反した記事〉を問題にするのであれば、自らの記述も俎上に載せるべきであろう。

一ノ宮氏が橋下家のルーツをたどったのは、なぜ彼が部落解放同盟を擁護、賛美するのかを検証するためだった。SUGOI文庫では〈成育歴や出自が、政治家である橋下氏の政策や実情、思想信条と深い関わりがあると考えたからである〉とも述べている。部落問題は基本的に解決したとし、部落や部落民を特定することを問題視してきた共産党の方針と異なるために、一ノ宮氏があみだした理屈なのだろう。しかしその理屈は破綻している。

これまで見てきたように、八尾での居住歴はなく、大阪市内に住んだのは部落ではなかった。結局、〈橋下知事の異様なまでの解放同盟への傾斜は、幼少期から部落解放同盟がきわめて身近な存在であったという、それこそ「原体験」があるからなのだろう〉という仮説は、前提が崩れてしまっている。〝橋下氏＝解放同盟シンパ〟という見方も首をひねるが、それを幼くして亡くした父親の出自や、住んでもいない部落と重ね合わせるのは無理がある。橋下氏も部落解放同盟も叩きたかった一ノ宮氏は、なんとしてでも両者を結び付ける必要があったのだろう。

しかし、この珍妙な記事――一ノ宮氏はSUGOI文庫で自分が書いた記事を〈「出自」について最初に指摘したのは筆者である〉と何度も自慢している――が、以後、ノンフィクション作家たちによって間違いを含めて継承されていく。

†「同和地区育ち」は父親がそうだから？

一ノ宮氏に続いて週刊誌で橋下氏の出自に触れたのは、ノンフィクション作家・森功氏である。

森氏は前記したように、二〇〇九年（平成二一）に『週刊ポスト』で、橋下氏と同和対策事業の関係についてレポートした。翌年の四月二日号では、当時、建設コンサルタントであった橋下氏の叔父が、橋下氏に一〇〇万円を献金したと報じた（「橋下徹知事「スキンヘッド叔父」の公共工事受注額が2倍に！」）。森氏はこの記事の中で、橋下氏の経歴と叔父の存在について次のように述べている。

〈橋下徹の公式プロフィールでは東京出身となっているが、本当は大阪府八尾市に生まれている。この答弁で知事は、なぜか叔父の姓を〈ハシシタ〉と呼んでいた。ひょっとすると幼い頃の知事は〈ハシモト〉ではなかったのかもしれない〉

八尾市で生まれ、名前の読み方が幼少期と違ったという記述は、一ノ宮氏の記事内容と同じである。

『週刊ポスト』は引き続き森氏を起用し、二〇一〇年（平成二二）七月一六日号から五回にわたって「短期集中ノンフィクション　スター知事の光と影　橋下徹「大阪維新」」を掲載した。政治家・橋下徹を検証した連載で、その最終回が「母が明かした「家族」と「同和体験」」（八月一三日号）だった。

記事は橋下氏の母親から電話がかかってきた場面から始まる。電話を受けたのが森氏なのか、編集部員なのかは書かれていない。母親の用件は、政治献金疑惑に関する記事に書かれている、叔父と橋下氏との関係だった。記事中、橋下氏は政治献金を追及された議会の答弁で、父親の死後、叔父に〈橋下家《はしした》の大黒柱という形で、僕自身も大変世話になっています〉と語っている。この記述に対し母親は次のように反論している。

〈（叔父には）ぜんぜんお世話になんか、なってない。そういわれると、（私の）プライドが傷つきます〉
〈一緒に暮らすとか、お世話になったなんて、一切ありません。本人もよくわかってないと思うんですよ、そんなに深くはね。こんなことをいうから誤解を招くのですが、一切関係ありません〉

橋下氏と母親の言い分が、まったく異なるのである。『週刊朝日』問題が起こったあと、橋下氏はツイッターで次のように明かしている。

〈母が再婚する前、幼少時代には伯父《ママ》を始め実父方の親戚筋のところに泊まったことも多かったし、お世話にもなった。しかし、僕が中一の頃、母が再婚してからは親せき付き合いが疎遠になった。もちろん完全に切れたわけではない〉
〈僕を育ててくれたのは、母親であり現在の父親である。伯父に小遣いやお年玉の類を除いて生活の経済的援助をしてもらったことは一切ない〉

政治献金を追及されたときは〈橋下《はしした》家の大黒柱〉と持ち上げながら、父親のルーツを書かれると、一転して叔父の評価は低い。小遣いをもらったり泊まりに行ったりという親戚づきあいはあったのだから、母親の言うように「ぜんぜんお世話になんか、なってない」

わけではない。母親は自らのプライドにかけて、橋下氏と叔父との親密な関係を否定している。そこには尋常ならざる背景が感じられる。

記事の中で、森氏は一ノ宮氏と同じく、橋下氏本人が大阪府知事選や府議会で、八尾市や大阪市内の同和地区で育った、住んでいたと発言したことを記述した上で、橋下氏の公式プロフィールには〈東京都出身〉と記載されていることについて次のように説明している。

〈なぜ自ら「同和地区育ち」と話すのだろうか。それは父方の実家が八尾の安中地区にあったからにほかならない〉

父親の実家が八尾の同和地区にあるから子どもは「同和地区育ち」というのは、無茶苦茶である。日本で生まれ育った子どもが、父親がアメリカ育ちだから、子どもも「アメリカ育ち」と主張するようなものである。森氏には橋下氏がなんとしてでも「同和地区育ち」でなければならない理由でもあったのだろうか。

†リップサービスを読み違えたのか

森氏は橋下氏のルーツや家庭環境について以下のように書いている。※は母親の証言である。

①橋下氏が小学二年生の時に死亡した父親は、安中地区の同和対策事業で建てられた住宅に住んでいた。

②父親は生前「ハシシタ」と名乗っていた。

③母親は結婚後、父方の親類と縁を切り、上京した。

④東京で橋下氏が生まれ、このころ母親が読み方を「ハシモト」に変えた。東京には小学四年生までいた。※

⑤読み方を変えた意味は、本人は知らないはず。※

⑥橋下氏は、父親とはほとんど一緒に暮らしていない。※

⑦橋下氏が小さいときに父親と離れ、母親は息子を父親に近寄らせなかった。※

⑧母親は父親がどんな仕事をしていたのか知らない。※

⑨橋下氏は、小学校五年生の頃、東京から大阪市内の飛鳥地区の府営住宅に引っ越した。※

⑩一家は同和地区に住んでいたが、同和団体の活動には加わらず、低家賃住宅への入居や奨学金の受給などにおいて同和対策事業を利用しなかった。

⑪橋下氏が所属していた弁護士事務所の弁護士は、同和地区住民が起こした市営住宅家賃値上げ反対訴訟の打ち合わせで、橋下氏が「同和地区に住んでいたが、同和ではなかったから補助金をもらえなかった。深く恨んでいる」と言っているのを聞いた。弁護士は、橋下氏が同和地区住民を敵視しているように受け取った。

出生地や姓の読み方などに関し、一ノ宮氏の記事との相違はあるが、共通する部分もある。橋下氏が東京から引っ越してきたのは飛鳥地区の府営住宅という点だが、地区内でないことはすでに述べた。母親も「住んだ府営住宅がたまたま飛鳥地区にあったんです」と証言しているが、明らかに勘違いしている。

森氏は、橋下親子が同和団体の活動に加わらず、同和対策事業を利用しなかったと記しているが、地区外であれば、通常は活動には参加しないし、そもそも事業の対象外である。いずれにしても母親の証言からは、彼女が父親とできるだけ距離を置こうとしていたことと、それを息子にも仕向けていたことがわかる。

それにしてもなぜ橋下氏は、自分が同和地区で育った、住んでいたと語ったのだろうか？　森氏の記事を参考に、あらためて橋下氏の発言の内容と意味について考えてみたい。

確かに橋下氏は同和地区に育った、住んでいたと発言したが、部落出身、部落民だとは言っていない。弁護士にも「同和地区に住んでいたが、同和ではなかった」と発言したとされる。

橋下氏が、自分の住んだ場所が部落ではないことを知らなかった、という可能性はゼロではない。しかし、どこからどこまでが同和地区かという境界は、部落内外の住民にとっては自明のことなので、「同和地区に住んでいた」と橋下氏が本当に思っていたのか、はなはだ疑問ではある。地区内に一定期間住み、部落問題について学べば、同和対策事業の受給資格が得られるので、地区か地区でないかの判断は難しいことではない。

私は橋下氏が通っていた中学校で教えていた教師の話を聞いたことがある。橋下氏が通った中学校は、飛鳥を含め、三つの部落から生徒が通っていた。全生徒中、三、四割が部落の生徒で、このため同和・人権教育が盛んだった。卒業後も橋下氏と長く付き合うことになる親友には、部落出身の生徒もいた。教師によると、部落の同級生は身近にいたが、橋下氏は自分のことを部落出身とは思っておらず、部落問題を学ぶ同和教育には否定的だったという。

事実、橋下氏は中学校の卒業文集に〈まだまだ同和教育に反感をたくさんいだいている。

完全に納得できないのもたくさんある〉〈ぼくが希望している高校は同和教育をしていない。ぼくはその方がいいと思う〉〈これからは他の高校に行って視野を広くしょ《ママ》うと思う〉と記している。

橋下氏が、自分は部落で育った、住んでいたと発言したのは、議会の答弁や選挙運動期間中である。議会で「同和地区に住んでいた」と発言すれば、「この問題は素人ではない」と思わせる効果はあっただろう。ましてや野党・共産党の議員の質問に対する答弁である。部落の周辺に住み、部落の友人を持ち、同和教育を受けていたこともあって「この問題は、あなたたちより、よっぽどよく知っている」というメッセージがあったと考えるのが妥当であろう。

選挙時は〝地元出身〟を有権者にアピールすることで、連帯感を喚起することができる。府知事選でも、飛鳥地区を含む地域で、部落民宣言と受け取られかねない発言をしている。周辺住民によると、演説で訪れた橋下氏は「ここは私のふるさとです。私はこの地域で育てられました。ここで育ったことを誇りにしています」と聴衆に語り掛けた。

〝地元出身〟発言は、いわばリップサービスで、そう語れば、部落の人もそうでない人も、悪い気はしない。ただそれだけのことであろう。

一ノ宮氏も森氏も、人心を掌握するのに一日の長がある元タレント弁護士の発言に振り回されているのではないか。

「同和地区に住んでいたが、同和ではなかったから補助金をもらえなかった。深く恨んでいる」という橋下氏の発言も、同和対策事業関連の訴訟の打ち合わせで出た言葉である。

橋下氏は同和対策には否定的だったので、その仕事にはたずさわりたくなかったようで、結局、その仕事には加わらなかった。同和対策に否定的な発言をした方が、同対関連の訴訟に加わらなくて済む、という判断があったからではないか。つまり、その場に応じて自分が部落出身者であることをちらつかせ、相手を喜ばせたり牽制したりしていたのではないか。

森氏は、訴訟の打ち合わせにおける橋下氏の発言を引用したすぐ後に、次のように書いている。

〈そうでありながら（同和地区に住んでいたが同和ではなかったので、補助金をもらえなかった。そのため同和地区住民を敵視している＝引用者註）まるで自ら同和差別を受けてきたかのように「同和地区育ち」と公言する。正反対の言葉の裏に、ハシシタ家と決別した母親と亡くなった父親への思いが交錯しているようにも見える。

自らの言葉に酔い、迷わず邁進するエネルギーは、そんな複雑で屈折した思いと体験によって育まれたのではないか〉

繰り返すが、同和地区に住んでいなければ、事業の対象外である。敵視しつつも〈同和地区育ちと公言〉するので〈正反対の言葉〉と書いたのだろうが、そもそも事実関係が間違っている。〈ハシシタ家と決別した母親と亡くなった父親への思いが交錯している〉という記述は、何が言いたいのか、まったくわからない。〈亡くなった父親への思い〉とは何なのだろうか。

裕福ではない母子家庭で長らく育った橋下氏は、部落の近くに住んでいたがゆえに、部落だけが優遇されることに疑問を抱いていた――。実は単純な話ではないのか。〈複雑で屈折した思いと体験〉は、誤解・曲解の上に森氏がつくりあげた物語であろう。

†母親と部落問題

森氏はこの記事を書いた数カ月後に、ノンフィクション雑誌『g2 vol.6』(講談社、二〇一〇年)に「本格評伝　同和と橋下徹」を寄稿している。内容は『週刊ポスト』とほぼ同じである。

森氏のまとめによると、母親は八尾の部落に住む父方の橋下家とそりが合わず、父親とともに上京し、橋下氏を産んだ。母親は父親と別れ、父親が死去したので息子を連れて大阪の部落（飛鳥地区）に帰ってくる。そしてこう続けている。〈こうした橋下家の歴史の中で、橋下本人の心に影を落としているのが、自らの同和体験ではないだろうか〉

森氏の言う〈同和体験〉とは、父方の親類が同和地区に住み、そこに父親の墓があることだという。なんとも、けったいな体験ではある。

これは橋下家の歴史というよりも、母親の歴史であろう。森氏が『週刊ポスト』で書いたように、部落出身の父親は、橋下氏が小学校二年生の時に死去しており、ほとんど一緒に暮らしていない。橋下氏にとって、父親の存在は薄い。

記事中、橋下氏の母親は、父親について、こう語っている。

〈あの人は、親の代から八尾にいたわけではなくて、たまたまあの人の父親が八尾に住んだだけなのです。だから、近所に橋下いう苗字はそんなにないはずです。ふつう、代々その地域にいれば同じ苗字の親類が大勢いるはずでしょ。でも、そうではないんです〉

〈あの子が生まれた時点で、向こうとの因縁を断ち切るつもりで、ハシシタ姓をハシモトと変えたんです。向こうの親（祖父母）たちは、反対しました。けど、橋の下を歩むようなイメージの苗字はどうか。この子は、橋のたもとを注意深く生きていくように、と願って変えました。だから、ちっちゃいときから、あの子はハシモト。その意味は当人もよく知らないはずです〉

母親は父方の橋下家を遠ざけるために、名前の読み方を変えた。母親によると、その事実を息子は知らない。つまり橋下氏は、部落出身者として育ったわけではない——。母親はそう言いたかったのだろう。〈心の影〉があるとすれば、橋下氏ではなく、部落と差別を避けたかった母親の中にあるのではないか。

しかも、橋下氏が父親の出自を知ったのは、本人によれば『週刊朝日』の佐野氏の記事によってである。森氏がこの記事を書いた時点では、それを知らないはずである。知らないのに〈心の影〉が形成されるのだろうか。

森氏が書いたルポは、虚実ない交ぜの断片を紡ぎ合わせ、「同和」と「橋下徹」を無理やり結びつけているという印象はぬぐえない。タイトルにある〈本格評伝〉は、羊頭狗肉ではないか。

ちなみに森氏は、月刊誌『創』(二〇一三年七月号)の誌上座談会「佐野眞一「盗用」問題とノンフィクションの現状」の中で「口幅ったい言い方をすると、最近、編集部が取材にあまり重きを置いていないような気がしてしようがないんです。取材を尽くさないといけないのに、頭の中で先にストーリーを組み立ててしまっている記事がやたら多い気がする」「しつこく取材を続けていると自分でも面白い情報が拾えるものなんです。その成功体験を知らない編集者なり記者なりが多くなっていて、だから今ひとつ取材に力が入っていない印象を受けるんです」と語っている。天に唾するとはこのことを言うのだろう。

なお、森氏はこの対談で、橋下氏が大阪市内に住んだのは部落ではなかったと訂正している。森氏は本当に取材に重きを置いていたのだろうか。

†さらに続く橋下攻撃

大阪府知事の橋下氏は、二〇一一年(平成二三)一〇月、大阪都構想を実現するため、大阪市長選に出馬した。府知事と市長を大阪維新の会で占める算段だった。以降、橋下氏に関する記事が、かなりの頻度で雑誌に掲載されるようになった。反橋下の論陣を張る雑誌は、攻撃を開始する。

先鋒は、ノンフィクション作家・上原善広氏による「孤独なポピュリストの原点」(『新潮45』二〇一一年一一月号、新潮社)だった。この記事は、二〇一二年(平成二四)に「編集者が選ぶ雑誌ジャーナリズム賞」の大賞に選ばれている。

記事の内容は、一ノ宮氏と森氏の記事と驚くほど同じで、橋本氏が飛鳥地区内にある府営住宅に住んでいたという間違いまで踏襲している。〈その3LDKの大阪市の府営住宅もまた、路地の中にあった。ただ一般地区向けの団地だったので、同和対策の補助は出ていなかった〉とある。

上原氏は「被差別部落」を「路地」と書く。〈偏見なく「路地」について読者に考えてもらいたいため〉（同誌）らしいが、このような言い換えに何の意味があるのか、さっぱりわからない。言葉を変えることで偏見がなくなるのだろうか。

上原氏の記事のテーマは、やはり一ノ宮・森両氏同様、部落問題で、父親のルーツにこだわっている。記事の冒頭で、誰ともわからない人物の会話を取り上げ、①橋下氏が部落で育ったと明言しているが、本当は部落出身者ではないのではないか②なぜ「ハシシタ」を「ハシモト」と呼ぶのか、の二点を挙げ〈生い立ちに深くかかわるこの二つの謎を解くことで、彼の政治家としての本質に迫ることができるのではないか〉と書いている。すでにふたりのライターが取り上げていることばかりである。

上原氏は、橋下氏の父親が所属していた暴力団の実名（土井組）も明かしている。ちなみに上原氏の記事の前文には〈死亡した実父は暴力団組員だった——。これまで一度も書かれなかった「橋下徹の真実」〉とあるが、すでに一ノ宮氏が書いている。

市長候補の父親がヤクザだったという〝スキャンダル〟は、上原氏が〝スクープ〟して以降、別の週刊誌でも取り上げられた。ほとんど一緒に暮らしたことがない父親がヤクザであったことが、政治家・橋下徹と何の関係があるのか？　政治家・橋下徹に懐疑的である私でさえそう思う。書き手と編集者のモラルが問われる事柄であろう。

上原氏は橋下氏の来歴を記した上で、以下のようにまとめている。

〈橋下の生い立ちをこうして辿っていくと、いくつものねじれの中で育ってきたことがよくわかる。

まず幼い頃に「ハシシタ」を「ハシモト」に変えられ、自殺した父の出身の路地とはかなり離れた路地で、継父の元で一般地区出身として育った〉

〈ただでさえ複雑な生い立ちをもつ橋下は、こうして己の深淵にいくつものねじれを抱いたまま、路地という社会の底辺から、自らの手足だけで這い上がっていくことになる〉

様変わりした部落を〈社会の底辺〉と書くのは問題だろう。橋下氏は同和対策事業が始まる一九六九年（昭和四四）の生まれで、東京から大阪に引っ越してくるのは、八〇年前後である。そのころには飛鳥地区の風景は激変している。いくらなんでも〈社会の底辺〉はひどい。しかも橋下氏が住んでいたのは、その周辺である。

そういった安易な表現もさることながら、内容も思い込みが激しい。ハシシタ姓は橋下氏の生後すぐに変えられたのだから、思春期ならまだしも、そのことで本人が思い悩むことはないはずである。

上原氏は、森氏が書いた『週刊ポスト』の記事の内容を、父親の弟（博烝《ひろとし》氏）に確かめている。橋下氏の母親が名前の読み方を変えたというくだりである。以下、叔父の返答を引用する。文中の之峯は父親の名前である。

〈違う。アニキ（之峯）が変えたんや。俺はハシモトでいく、お前はハシシタでいけ言うて〉

なぜ、父親が変えると言ったのか、何の説明もない。質問しなかったのだろうか。それとも、しても答えなかったのだろうか。上原氏はこの読み方の変更が、政治家・橋下の本質に迫る謎のひとつに挙げているが、なぜ父親がそうしたのか、一切記述がない。

母親あるいは父親は、地域と姓が深く関係しているので、読み方を変えることで部落から逃れようとしたのではないか。ここにこそ部落差別の影があるのだが、それには触れずに素通りしてしまっている。なぜ名字の読み方を変えたのかという〈政治家としての本質に迫る〉〈謎〉を設定しておきながら、それを解明していない。

また、〈ただでさえ複雑な生い立ち〉や〈ねじれ〉という表現も、森氏の記事にある〈複雑で屈折した思いと体験〉とよく似ている。間違った情報を前提にし、思い込みで物語を組み立てるという意味においても、両者は共通している。橋下氏は大阪市内や八尾の部落に住んだ経験はなく、父親の素性もよく知らなかったのだから〈路地という社会の底辺から〉〈這い上がっていく〉わけがない。

森氏の記事でも触れたが、橋下氏にとって重要なキーパーソンは、母親であろう。長らく母子家庭で育った橋下氏は、身内に「弁護士か医者になって、早く母親に楽をさせてあげたい」と語っている。橋下氏をよく知る人物から、私が聞いたエピソードである。橋下氏はその夢を実現した。母親を思う孝行息子であり、大した実行力である。

橋下氏の尋常ではない上昇志向の原点は、知らされなかった父親のルーツや、ましてや架空の〈路地という社会の底辺〉ではなく、つましく暮らしてきた母子家庭にあるのではないか。

一ノ宮、森、上原の三氏の記事は、いずれも部落出身で暴力団に所属していた父親の物語にとらわれ過ぎではないのか。父親の影響が息子に色濃くあるのならまだしも、そんな気配もない。三者三様に取材不足で、それを思い込みで糊塗している。

二〇一三年（平成二五）二月、私は上原氏と二時間ほど対談する機会があった。月刊誌『創』（創出版）に掲載される予定だった。彼と私は、ともに部落出身のライターという点では共通している。対談では、当事者が『週刊朝日』問題をどう考えているか、出自報道をどう考えるかについて語り合った。

私は彼に、「孤独なポピュリストの原点」に関して、父親が部落出身であることが橋下氏にどう影響しているのかを書かなければ、単なる身元暴きになってしまうのではないか、と質問した。彼は、雑誌に書いたように、父親が出身者であることに気づかないままに育ち、部落に住むようになったという例の〝ねじれ〟論を展開しだした。居住に関する間違いを私が指摘すると急変し「ちゃんと読め」と激高しだした。

上原氏は、一ノ宮、森氏らと同じように、橋下氏が住んでいた府営住宅には行っていなかった。「（飛鳥地区に住んでいたと）そう聞いたんです」と開き直っていた。先行記事を疑いもせず、そのまま記述したようだった。

上原氏の言う〝ねじれ〟が、橋下氏にどう影響したのかを重ねて聞くと「客観的に言いますけど、それが書けてないいんだったら、雑誌ジャーナリズム賞を取ってません。それは角岡さんがそう読まれた（書けていない）というだけであって、他の編集者にはそう読んでもらったという事です」と反論した。書けているのは賞を取ったから、という奇妙な理屈を述べたてるだけで、答えになっていなかった。賞を与えた東京の編集者も、罪作りなことをしたものである（そもそも編集者は、先行の一ノ宮、森氏の記事を読んでいたのだろうか？）。

対談の雑誌掲載は、上原氏の強い要望で見送られた。「対談になってないから」というのが、その理由であった。おそらく自分の取材不足や誤記を、読者に知られることを恐れたのだろう。「では、仕切り直して」という編集部の提案も、彼は拒絶した。

上原氏は、部落問題報道について〈どんな形でも良いから路地をメディアにのせること〉〈言論なら言論で応酬し合うべき〉（「「橋下徹出自報道」のどこが問題なのか」『新潮45』二〇一二年一二月号）と主張している。

私は上原氏の対談掲載拒否に対して、本人にも編集長にも強く掲載を書面で求めた。私は彼の書いた記事や著作をすべて読んだ上で大阪から上京し、対談に臨んだのである。

だが、上原氏からは、何の反応もなかった。〈どんな形でも良いから路地をメディアにのせること〉〈言論なら言論で応酬し合うべき〉と主張するなら、対談の掲載は受け入れるべきだろう。言葉と行動がバラバラなのである。

私たちの対談のメインテーマであった『週刊朝日』問題について、彼は自らのブログで次のように記述している。

〈佐野氏の連載は、えげつないことは確かですが、いまもっとも話題の政治家・橋下氏の記事としては許される範囲でしょう。心配される路地（同和）への偏見については、しっかりとフォローすることも大事ですので、今後の佐野氏の書き方次第だと思います〉

〈まず差別的にしろ、なんにしろ、ぼくは路地について書かれるのは全て良いことだと思っています。それがもし差別を助長させたとしても、やはり糾弾などで萎縮し、無意識化《ママ》にもぐった差別意識をあぶりだすことにもなるからです〉

どんな風に書かれても、差別意識をあぶりだすのでいいというのなら、事実でないことを記述したり、思い込みや想像で書いたりすることも許されることになる。そう、一ノ宮、森、上原の各氏のように。

部落問題は、たとえ差別的であっても〈書かれるのは全て良いこと〉なのだろうか？

上原氏を含めた三氏が書いた橋下氏の奇妙なルーツ物語は、この後、さらに水膨れしていく。

†血脈に固執する週刊誌

上原氏が『新潮45』で書いた記事の後を追うように『週刊新潮』が「「同和」「暴力団」の渦に呑まれた独裁者「橋下知事」出生の秘密」という仰々しいタイトルを掲げた記事を載せた（二〇一一年一一月三日号、新潮社）。前文で、上原氏が寄稿した『新潮45』が、大阪では売り切れ店が続出で、緊急増刷されたことを報告している。

『週刊新潮』の取材を受けた上原氏は記事の中で〈母親は息子に、父親が部落出身だということは教えていなかったと思う。彼は自分のルーツを知らぬまま東京で育ち、その後、たまたま別の部落のある街に引っ越して生活するという、非常にねじれた境遇で育ったのです〉とコメントしている。

親がわが子に部落出身と告げていない例は、ごまんとある。橋下氏の場合、部落で育っているわけではなく、部落出身は父親だけで、しかもその父親は早くに死亡している。母親が部落と距離を置きたがっていたのであれば、息子に父親の出自は告げないだろう。つまり、橋下氏のようなケースは、特段珍しいわけではない。

東京からの落ち着き先が部落でないのは、再三指摘した通りである。ねじれた視点が〈非常にねじれた境遇〉をつくり上げている。

記事は、橋下氏の従兄弟が殺人事件の共犯者だったことを報じた上で、〈実父がヤクザで、従兄弟が殺人での逮捕歴ありとは……。異様な人気を誇る稀代のスター知事は、その血脈までが類を見ないほどの異様性を帯びている〉と書き立てている。

血脈に異様にこだわっているのは、この雑誌であろう。従兄弟が罪を犯したことと、橋下氏が市長としてふさわしいかどうかが別問題であることは言うまでもない。ここにも血脈と個人を安易に結びつける『週刊朝日』の問題記事の原型を見ることができる。

佐野氏は『週刊朝日』の連載第一回目で〈橋下徹の父親が自殺しているばかりか、従兄弟が金属バットで人を殺しているという。橋下徹の周りには修羅が渦巻いている〉と興奮気味に書いている。

佐野氏の記述は『週刊新潮』の二番煎じであろう。

『週刊新潮』と同じ日に発売された『週刊文春』(文藝春秋)は、「暴力団組員だった父はガス管をくわえて自殺　橋下徹42歳　書かれなかった「血脈」」のタイトルで、父親の出身地を取材している。

〈大阪府庁から約百五十キロ離れた急斜面にある寒村は、車一台がギリギリ通れる橋以外は周囲のムラから隔絶されている。住井すゑの「橋のない川」を彷彿とさせる風景を残す被差別部落は、徹の父親である橋下之峯《ゆきみね》の出身地だ〉

〈そのムラで、一軒だけ残る橋下姓の老婆に話を聞くことが出来た。

「大阪の知事？　あれが親戚かどうか分からんけど、昔は橋下いう家が六十軒ぐらいあった。読み方はハシシタや。でもみんな出て行ったな。大概のもんは名前を橋本に変えて出て行ったと聞いてるな。こういう地区やと連想されるのが嫌なんやろな。戦前は朝鮮の人もたくさん住んどったで。でも戦後はみんな韓国に帰っていったわ。でもな、ここらの人はみな教育熱心やで。一生懸命勉強して就職差別やいろんな差別と闘ってきたんや」〉

こう記したあとで、橋下氏の父親はこの故郷を離れ、大阪・八尾の部落に落ち着いたと記している。「橋下」を「橋本」に変える家もあれば、読み方を変える家もあった。いずれにしても、部落差別から逃れるためであった。

翌週の同誌は「橋下徹　母の独白90分「疑いを持たれる人と一緒になった私が悪い」」

のタイトルで母親の談話を掲載している。記事は先週号で〈父・之峯が、博徒系の元暴力団組員だったこと。叔父の博氶も元暴力団組員で、その息子、すなわち橋下の従兄弟はかつて人を殺《あや》めたことがある〉と〈〝語られざる血脈〟〉について報じたとまとめているが、すでに語られ尽くされている。

記事によれば、当時六九歳の母親は、編集部に二度、電話をかけ、計九〇分も語っている。前記したように、橋下氏はかなりの孝行息子だが、母親の息子を思う気持ちも半端ではない。だが、九〇分も話をした割に、記事中の母親の証言は多くはない。以下、母親の談話を一部引用する。（ ）内は引用者の註である。

〈あの子が普通の家庭に生まれていればこんなに叩かれることもなく、嫌な思いも恥ずかしい思いもせず、（選挙戦を）堂々と戦えたのに。疑いをもたれるような人と一緒になった私が悪いんです。

知事になろうというときから、お母さんもみんなも丸裸にされるよ、と本人にも言っていますし、私も覚悟していています〉

〈すべての原因は私にある〉

ここには、母親の部落観があらわれている。〈普通の家庭に生まれていれば……〉という嘆息は、部落が〈普通でない〉と言っているのと同じである。また、〈嫌な思いも恥ずかしい思いもせず〉という表現は、部落の家系が、嫌で恥ずかしいと受け止められかねない。〈疑いをもたれるような人〉とは何を指すのだろうか。文脈からすると部落民としか考えられない。

いずれにしても母親もまた、週刊誌が報じる〝おどろおどろしい血脈〟という価値観を持っているかのようである。すべての原因が自分にあるという発言は、部落出身の父親との結婚を指すのであろう。

少し戻るが、森功氏は前掲「本格評伝　同和と橋下徹」の中で、母親の談話として、橋下氏の父親は、たまたま八尾の部落に住んだと書いている。母親は、父親は部落出身ではない、息子もそうではないと強調したかったのだろう。森氏は〈つまるところ、橋下家は同和部落出身者ではないということなのだろう〉とまとめている。

たとえ部落で生まれていなくても、部落に住むことで部落出身者と見られることはある。ましてや父親は、いっときだけ八尾に住んでいたわけではない。『週刊文春』の記事によれば、父親は〈住井するゑの「橋のない川」を彷彿とさせる風景を残す被差別部落〉の出身である。

部落出身者が身寄りを頼って別の部落に落ち着くことは、よくあるケースだ。その多くは、仕事を求めて地方から都会へ、というコースである。恐らく橋下氏の父親は、部落出身者の典型的なパターンをたどってきたのだろう。母親が言うように、〈たまたま〉住んだというのは、あまり説得力はない。

橋下氏は、『週刊朝日』問題が起こった後、自身が部落にルーツがあることを認めている。森氏の〈橋下氏は同和部落出身者ではないということなのだろう〉という記述は、結果的に母親の願望に引きずられたものだった。

父親の故郷の老婆が言うように、母親は部落差別から息子を守るために名前の読み方を変えたのではないか。

母親からの反論

『週刊新潮』と『週刊文春』が橋下氏を取り上げた一週間後。『週刊新潮』(二〇一一年一一月一〇日号)が、橋下特集を組んでいる(「瞬発力とご都合主義の扇動者! カメレオン「橋下徹知事」変節の半生」)。八ページのワイド特集で、相当な力の入れようである。

この中で、姓の読み方を父親が変えたという前号の上原氏の談話について、母親の反論を載せている。おそらく記事を読んだ母親が、編集部に電話をかけ、抗議したのだろう。森氏が執筆した『g2　vol．6』の記事と内容は重複するが、重要な証言なのであらためて紹介したい。前記したように、文中の「博悳さん」は橋下氏の父親の弟、「之峰氏」は父親である。

〈あの子の将来を考えてね、あの子が生まれたとき、変えたんです。私もまだ若い母親やったけど、あの子の幸せを考えたんです。それでね、橋の下を通るより、橋の元をね、よう叩いて渡るような子になってほしいと思ってね。（叔父の）博悳《ひろとし》さんは博悳さんで、兄弟でどんな話があったのかは知りません。（之峰氏が）暴力団やったら暴力団で、それでいいんです。過去のことはどうでもいい。あの子が生まれる前のことを掘り返して言ってもしょうがないしね。暴力団であろうと何であろうと、あの子は実の父親の背中を見て大きくなったんと違います。〝氏より育ち〟言いますでしょ？　その言葉の意味、分かります？　私は自信を持って言いますよ。文句があるんなら〝氏〟やなくて〝育ち〟の方で言ってください〉

母親は息子が生まれたときにわが子の幸せを考えて、姓の読み方を変えた。息子は暴力団員だった父親の背中を見て育ったのではない。〝氏より育ち〟で、氏はともかく、間違った育て方はしていない――。

母親が強調する〝氏より育ち〟は『古事ことわざ・慣用句辞典』（三省堂編修所、三省堂、一九九九年）によると〈人格の形成には、生まれた家の家柄や身分より、育った環境のほうが大事である。人の価値は、血統よりも、環境・教育や自身の努力によって決まるものだということ〉とある。

母親は、息子が父親の影響を受けていないことを強調し、家柄や血統ではなく、育った環境で評価してほしいと訴えている。ありていに言えば、父親の家柄や血統を気にしていたということであろう。そして住む場所と名前の読み方を変え、父親の血縁を遠ざけた。「あの子の幸せを考えた」というのは、部落差別から遠ざけることだったのではないか。姓の読み方を変えたのは、やはり母親であろう。父親は母親に言われて、それに従ったのではないか。

†ノンフィクション作家の偏見

週刊誌などで最も多く橋下氏を取り上げ、書いてきたのは、ノンフィクション作家の森功氏である。『週刊ポスト』で何度も書き、同誌で連載も執筆している。ノンフィクション雑誌『g2 vol.6』の〝本格評伝〟についてはすでに触れた。

大阪市長選を前に週刊誌報道が過熱したころ、森氏は『文藝春秋』の二〇一一年一二月号に「橋下徹　黒い報告書」を寄稿している。橋下氏の政治手腕について疑問を呈したあと、最後に出自や血脈について触れている。出自や血脈は所与のもので、変更することはできないのだから、それを悪し様に書くのは、陰湿ないじめである。

最も多く橋下氏を書いてきた森氏の視点は、初期のものとほとんど変わらない。橋下氏について、次のように記述している。

〈生まれは紛れもなく東京だが、父親は大阪・八尾市内にある旧同和地区の出身者だ。本人はそこに住んだ形跡はないが、小学五年生の頃に大阪に移り住んだ先は、東中島の同和地域だった。橋下徹の血脈はかなり込み入っている〉

父親が部落出身であることが、なぜ〈血脈はかなり込み入っている〉ことになるのだろうか。森氏の部落に対するマイナスイメージが露骨に出た表現である。取材不足もさることながら、このような差別意識を持ったノンフィクション作家が存在し、文章を書き続けていることに驚きを禁じえない。

記事は殺人での逮捕歴がある橋下氏の従兄弟が、東大阪市長選の候補者の秘書になっていたことに触れた上で、以下のようにまとめている。

〈すさまじい血脈は、橋下徹が母親とともに背負ってきた十字架といえる。と同時に、それが強烈なルサンチマンとなって蓄積され、目の前の敵を徹底的に痛めつけるあの攻撃性や既成の秩序を破壊するパワーを生んだのかもしれない〉

部落出身の父親を持ち、従兄弟が逮捕歴があるのを〈すさまじい血脈〉と表現するのはいかがなものか。何が〈すさまじい〉というのだろうか。その血脈が〈強烈なルサンチマン〉となり〈攻撃性〉や〈パワー〉になるというのは、差別を受けて育ってきた部落出身者なら、そう言えるかもしれないが、橋下氏には当てはまらない。〈頭の中で先にストーリーを組み立ててしまっている〉（前掲した月刊誌『創』の対談での森氏の発言）のは、森氏自身ではないのか。その思考は、橋下氏の〈非寛容な人格〉〈厄介な性格の根にある〉〈本性〉を橋下家のルーツに求めた佐野氏と同じである。

ちなみにこの記事の中で、姓の読み方の変更について、母親は次のように証言している。

〈ハシモト姓に変えたときは、向こうのおじいちゃんと私が話をした。おじいちゃんは戸籍は変えられん、いうてましたけど、押し切りました。そんなやりとりは博〔※〕さんも知らないと思います〉

祖父が抵抗したにもかかわらず、母親は断行した。そこには是が非でも父方と断絶しようとする母親の強い意志があった。橋下氏にとって、より重要な人物は、父親ではなく、母親だろう。

前にも引用したが、佐野氏は前掲書『ノンフィクションは死なない』の中で、「ハシシタ」というタイトルについて、次のように記している（傍点は引用者）。

〈それが差別を助長することにつながるとはまったく思わなかった。だが、のちに「ハシシタ」の名前自体が血脈にかかわりがあると指摘された。これは迂闊ではすまない問題だった〉

これを額面どおりに受け止めるわけにはいかない。佐野氏が『週刊新潮』や『週刊文春』の記事を読んでいないはずはなく、親が部落差別から逃れるために読み方を変えたことは知っていたはずである。

現に二〇一三年（平成二五）一月に東京でおこなわれ、私も参加したシンポジウムで、佐野氏は『週刊新潮』と『週刊文春』の二誌を名指しした上で、次のように語っている。

「『週刊朝日』に僕が書く前に、同じような記事が出ているわけです。寸分も違わないと言ってもいいくらいのものです。それで、ここで書かれているんやからいいんじゃないかという、やってはならない、非常に軽率な感も、自分で自分が嫌になるくらい、非常に自己嫌悪に陥りました」

つまり『週刊新潮』や『週刊文春』の記事を読んだ上で、タイトルを『ハシシタ』にすることを同意し、週刊誌と同じように父親の出自について書いたのである。〈寸分も違わない〉という表現が、それらの二番煎じであったことを図らずも吐露している。週刊誌の記事の延長線上に『週刊朝日』の問題記事が書かれたことは間違いない。

部落解放同盟は『週刊新潮』『週刊文春』の記事（二〇一一年一一月三日号）が出た時点で、版元の新潮社と文藝春秋に対し、〈私たちは、橋下徹・前大阪府知事の行政手腕やこれまでの実績を決して肯定的に評価するものではありません〉〈本来のマスコミ報道の使命である、これまでの橋下徹・前大阪府知事の実績の評価や検証ではなく、出生や出自を暴くことで読者の関心を集めることが目的で書かれたことは明白〉〈（橋下氏を）否定的に描くためだけに部落差別を利用し〉た、などとする抗議文を送付した。だがそれらの抗議は、マスコミをはじめ、多くの人に知られることはなかった。

佐野氏の『週刊朝日』の記事は、全国的に知名度が高かった橋下氏本人が抗議したため、マスコミは大きく取り上げた。だが、それ以前に同じように出自を暴き〝異様な血脈〟を書き立てた雑誌やムック本は、まったく問題にならなかった。『週刊朝日』の問題記事は、既に報じられた情報や視点の積み重ねによって出現したのである。

橋下徹氏の出自を掲載した週刊誌は、部数を伸ばしたが、その代償は高くついた。『週刊文春』は、親族に関する記述に関し「記事に公益性はなく、名誉やプライバシーを不当に侵害された」などとして、一一〇〇万円の損害賠償を求めて訴えられた。二〇一六年（平成二八）一月に、版元が橋下氏に二〇〇万円を支払うことで和解した。『週刊新潮』も、名誉を傷つけられたとして、一一〇〇万円の損害賠償を求めて橋下氏に訴えられ、二〇一五年（平成二七）一〇月に、名誉毀損とプライバシー侵害で、二七五万円の支払いを命じられた。現在、控訴中である。

佐野氏が寄稿した『週刊朝日』も、佐野氏や版元の社長が連載中止後に謝罪し、橋下氏もツイッターで〈これでノーサイドだ〉とつぶやいたにもかかわらず、出自に関する記事で名誉を傷つけられたとして、五〇〇〇万円の損害賠償を求めて訴えられた。二〇一五年（平成二七）二月に版元と佐野氏が謝罪文を提出し、和解金を支払うことで裁判は終了した。和解金は第三者に開示しないことで両者が合意しているため、明らかにされていないが、判例から推測すると一〇〇〇万円前後は支払っているだろう。

上原善広氏が執筆した『新潮45』も、父親の経歴を書いたことで名誉を傷つけられたとして、一一〇〇万円の損害賠償を求めて訴えられた。二〇一六年（平成二八）三月に、大阪地裁は「橋下氏の社会的評価を低下させ、名誉を毀損するもの」としながらも「（父親が橋下氏の）人格形成に影響を与えており、政治家としての適性を判断するのを助ける内容」との判決を下し、橋下氏の訴えを退けた。上原氏の記事が妥当であるなら、他の記事も問題ないのではないか、という疑問はぬぐえない。

どの訴訟にも共通しているのは、出自を書くことが名誉を傷つけることになり得るという点である。ただ、単に出自を書いたからというのではなく、要は書き方であろう。

佐野氏は『週刊朝日』の連載打ち切り後、雑誌で〈いまでも間違ったことは書かなかったと思っている〉（『ちくま』二〇一三年一月号、筑摩書房）〈あの記事には少なくとも事実関係として間違ったことは一つも書いていない〉（『創』二〇一三年一月号、創出版）と弁明している。問題は、間違ったことを書いていないのではなく、事実をどのように書くか、ということではないのか。

†出自報道の余波と本人の動揺

『週刊朝日』の問題記事の掲載にいたるまでを見てきた。ノンフィクション作家たちは、橋下氏の言動に振り回され、ありもしない居住歴を前提に想像を膨らませた。姓の読み方の変更など、部落差別にかかわる重要な点は中途半端に触れるだけで、橋下氏を貶めるために父親の出自や従兄弟の犯罪を執拗に追った。週刊誌はそれに追随した。ノンフィクション作家たちの取材は杜撰で、週刊誌のそれは正確であっても〝悪人〟を暴くために部落のルーツが強調された。

そもそも私は、人の出自を書くべきではない、と言いたいわけではない。仮に橋下氏にとって自分のルーツや居住地が「政策や実績、思想信条と深い関わり」（一ノ宮氏）があったり「心に影を落とし」（森氏）たり「己の深淵にいくつものねじれを抱い」（上原氏）ていたりするのであれば、書く意味は十分にある。むしろ、書かなければならない、と私は考える。

たとえば自民党の元幹事長の野中広務氏の生涯を追った『野中広務　差別と権力』（魚住昭、講談社、二〇〇四年）は、野中氏が部落出身であったことを明記している。部落出身という烙印と差別が、彼を政治の道に導いたことを丹念に追った労作である。

野中氏は職場で受けた部落差別を機に政治の世界に入った。出自を書かなければ、その人物像は、通りいっぺんのものになっていただろう。同書は月刊誌の連載記事をまとめたものだが、掲載直後に野中氏は執筆者の魚住昭氏に次のように叱責した。

「君が部落のことを書いたことで、私の家族がどれほど辛い思いをしているか知っているのか。そうなることが分かっていて、書いたのか」

一章で触れた部落問題の難しさ――〝点と面〟〝秘匿か開示か〟――が凝縮された指摘である。書く必然性があったからであろう、野中氏は魚住氏や出版社を訴えなかった。ときには被取材者に共感しながら、その人物を描きつくそうとするライターの強固な信念がなければ、出版されなかった作品である。

部落問題やマイノリティをテーマにした記事や単行本を書いてきた私は、取材対象者の出自や地名を、可能な限り明記するようにしてきた。ノンフィクションを書くためには必要であると考えるからだ。人物評伝で境遇や地名を明らかにするのは当たり前であり、書かないほうが不自然である。

ただ、出自を書く場合、それが彼および彼女に何がしかの影響を及ぼしているかどうかが重要だ。それがなければ、単なる身元暴きになってしまう。橋下氏のケースがそうである。接点がほとんどない父親の身元をあばき、その子どもが部落出身者であることを匂わせた。従兄弟の犯罪歴まで記述して〝異様な一族〟であることを強調した。それらの出自物語は、大阪市長選の前に一斉に報道され、橋下氏を引きずり降ろし、評価を落とすための道具として使われた。

自民党代議士であった故新井将敬氏が、一九八三年（昭和五八）の総選挙で、対立候補の石原慎太郎陣営から選挙ポスター三〇〇〇枚に、「一九六六年に朝鮮籍から帰化」と書かれたシールを貼られたことがあった。朝鮮人差別を利用したネガティブキャンペーンである。橋下氏の出自報道も同じ構図である。

橋下出自報道の余波は、思わぬところに飛び火した。ネガティブキャンペーンをはねのけ、大阪市長に就任した橋下氏は、総理大臣候補に名前が挙がるほど政治家としての影響力を増していた。

二〇一二年（平成二四）四月、京都大学の生協食堂「ルネ」の掲示板に「橋下市長→部落総理反対!!!→私は絶対反対（嫌です）→ぶらくの命令きくかい!!　部落の統治についてルネのみんなは下克上のこれを屈辱と思いませんか?」と書かれた紙が貼られていた。

程度の低い内容ではあるが、総理候補に名前が挙がるほどになった橋下氏に対し、部落民への嫌悪感が剝き出しになっている。自分より〝下〟である部落民が、総理大臣に就任するようなことがあれば、耐えられないのであろう。〈下克上〉は〈屈辱〉である、と呼びかけている。キャンパス内であるから、京大生が書いた可能性が高いが、いまどきの大学生の身分意識には愕然とする。

若者にとって、ふだんは部落を意識することはないが、何か事が起これば憎悪の対象になることがある。

二〇一二年（平成二四）一二月、大阪市立桜宮《さくらのみや》高校のバスケットボール部の主将が、顧問の教師の暴行を苦にして自殺した。橋下大阪市長は、翌年一月、同校の体育科などの入試中止を発表した。すると、市長のツイッターに在校生から〈おい、おまええぇ加減にせえよ　おまえじゃはしもと……部落民がいきんな　本間《ママ》殺意芽生えるわ〉との書き込みがあった。

一般的に言って部落問題をあまりよく知らない高校生にまで〈部落民がいきんな〉〈殺意芽生えるわ〉という差別意識が染み込んでいた。一連の出自報道は、まわりまわって、再び橋下氏を攻撃する道具として使われた。

若者による差別的な書き込みで注目すべきは、橋下氏が部落出身の父親と接点があろうがなかろうが、部落出身者・部落民として見られている、という点である。雑誌の出自報道は、結果的に〝部落民・橋下徹〟を誕生、あるいは完成させる役割を果たした。報道された本人は、ショックを隠せなかった。ここにもまた、別の問題がひそんでいる。

橋下氏は『週刊朝日』の佐野氏の記事に関して、新聞記者に「政策論争はせずに、僕のルーツを暴き出すことが目的とはっきり明言している。血脈主義ないしは身分制に通じる本当に恐ろしい考えだ」と語っている（『朝日新聞』二〇一二年一〇月一八日）。また、大阪市長選を前にした週刊誌の出自報道に対し、ツイッターで次のようにつぶやいた。

〈実父とその弟（伯父《ママ》）がやんちゃくれで実父が最後に自殺したのは事実。僕が小学校二年生の時。物心ついたころには実父は家にいなかったのでほとんど記憶なし〉

父親の出自については、次のように反撃した。

〈妹も初めてこの事実を知った。妹の夫、その親族も初めて知った。子供に申し訳ない。妹夫婦、妻、義理の両親親族、皆に迷惑をかけた。メディアによる権力チェックはここまで許されるのか〉

〈子供は親を選べない。どのような親であろうと、自分の出自がどうであろうと人はそれを乗り越えていかざるを得ない。僕の子供も、不幸極まりない。中学の子供二人には、先日話した。子供は、関係ないやん！と言ってくれたが、その方が辛い。文句を言ってくれた方が楽だった〉

メディアには攻撃的だが、家族や親族に対しては殊勝な言葉が並ぶ。

だが、私は思う。なぜ、家族や親類に迷惑をかけたと言う必要があるのだろうか。子供に謝る必要があるのか。なぜ、子供が〈不幸極まりない〉のか。これでは部落にルーツを持つ者は不幸と言っているようなものである。橋下氏が尋常ではないほど、部落にマイナスイメージを持っていたことを、図らずも露呈している。

橋下氏のメディアへの怒りは収まらなかった。

〈今回の報道で俺のことをどう言おうが構わんが、お前らの論法でいけば、俺の子供にまでその血脈は流れるという論法だ。これは許さん。今の日本のルールの中で、この主張だけは許さん。バカ文春、バカ新潮、反論してこい〉

橋下氏の過剰な反応は、部落民でないと思っていた者が、「実は……」と告げられた時に見せる激しい動揺である。メディアに対し〈お前らの論法〉と非難しているが、これはメディアだけではなく、世間の見方でもある。

また、自分が部落民と見られるのはまだしも、子どもにはそうはさせないと憤っている。私は『週刊金曜日』(二〇一二年一一月一六日号、金曜日)に、次のように書いた。

〈部落民、部落出身者とは、出生地や居住地、あるいは血縁において部落と関係ある者をいう。例えば片方の親が部落出身者であれば、子供もそう見られることがある。橋下氏は、そのように血脈をもって判断すること自体がおかしいと主張している。いつまで部落出身者を後世に残すのかという問題意識は、わからないでもない。

しかし私は橋下氏に問いたい。では、日本で最も血脈主義が貫徹されている天皇制はどうなんですか？　と。私が言いたいのは、日本社会では、よくも悪くも血脈が大きな意味を持ち、だからこそ天皇制と部落差別が残ったのではないか、ということである。

血脈報道における橋下氏の過激とも言える反応から垣間見えるのは、子供が部落民であってほしくないという切なる願い、私に言わせれば〝部落(民)忌避〟である。橋下氏の子供が部落差別に遭う可能性が、ないとは言えない。彼ほどの有名人でないケースも同じである。

どの親も、自分の子供は差別に遭わせたくないと考えている。大事なことは、万が一、子供が差別を受けた場合、それに対して闘うという姿勢を見せることではないか。人に範を見せるべき政治家なら、なおさらである。それを血脈主義はおかしいと批判しても詮なきことであろう。

いまだに部落差別があることを認識した上で、それにどう対処していくかを考える方が建設的ではないか。わが子の将来に思いをめぐらす橋下氏の親心もまた、血のつながりを重視する血脈主義に通じるのだから〉

部落民とは、差別を媒介として規定される、まことに不思議な存在である。いくら「自分はそうではない」と思っていても、血縁や地縁を判断材料にして、まわりがそう見ることがある。

部落差別に対抗する態度は、大きく分けてふたつある。負の歴史を引き受けた上で徹底して闘うか、徹底して隠すかのどちらかである。ただ、最後まで隠すことができる保証は何もない。それを詮索する人間がいるからである。また、俺は違う、私はそうじゃないといくら言い張っても、差別する—されるという関係は変わらない。容易に歴史や関係を無化することはできないのである。

橋下出自報道を通して見えてきたのは、ノンフィクション作家、メディア、読者、そして書かれた本人の部落観である。彼らは部落をどう見ていたか？　ひとことで言えば、マイナスイメージであろう。

メディアと読者の血脈信仰をたどれば、気付かない身分意識に突き当たる。部落の血脈がマイナスに作用し、それを書きたてた雑誌が売れる。部落という烙印は、残念ながらまだ〝賞味期限〟を過ぎていない。

意識するしないにかかわらず、私たちは血縁信仰の中で生きているのである。

第三章

映画「にくのひと」は、なぜ上映されなかったのか

ひとりの大学生が、部落内にある食肉センターを撮影した。その作品は評判を呼び、一般公開されることになった。だが、地名や住所、賤称語が出てくるため、地元の運動団体が問題化した。すったもんだの末、けっきょく上映は実現しなかった。

いったい運動団体は、何を問題にしていたのか。撮影者はそれをどう考えたのか。なぜ、上映されなかったのか。そこには部落差別の解決とは何かという、根本的な問題が含まれていた。

部落問題は、基本的には差別する側の問題である。だが、差別される側にも克服しなければならない課題がある。取材を通して見えてきたのは、部落であること、屠場があることを知られたくないという劣等感であった。

本稿は『週刊金曜日』の記事（二〇一四年五月九日号、金曜日）に加筆した。そのため、〈後記〉や〈資料〉を付した、イレギュラーな体裁になっている。

†大学生が屠場を撮影

大阪南部にある精肉店の一年間を記録した『ある精肉店のはなし』（纐纈《はなぶさ》あや監督）が、二〇一三年（平成二五）秋から上映された。牛の肥育から屠畜、販売まで手がける部落の一家を追った作品で、異例のロングランを続けた。

食肉・屠畜業は、歴史的に被差別部落との関係が深い。食肉関係業者は、屠畜への無理解と部落差別というふたつの問題を背負っている。そのため顔や名前が出る映像取材を厭うケースが多い。その意味で、画面に顔や名前、地名が出る『ある精肉店のはなし』は、画期的な作品であった。

二〇〇七年（平成一九）、ある大学生が、屠場（正式には食肉センターと呼称されることが多い）とそこで働く労働者を撮影し、約一時間の映像にまとめた。職人たちに肉迫した作品『にくのひと』は、部落問題や映像にかかわる人たちの間で話題になり、関西を中心に各地で上映された。

二〇〇八年（平成二〇）には、和歌山県で開かれた「第三九回部落解放・人権夏期講座」（部落解放・人権研究所など主催）で上映され、好評を博した。撮影した満若勇咲《みつわかゆうさく》氏と、製作に全面的に協力した加古川食肉産業協同組合理事長の中尾政国《まさくに》氏は、同講座でもスピーチしたほか、後にＴＢＳ本社の人権研修の講師を務めるなど、市民やマスコミの啓発に引っ張りだこになった。二〇歳の青年が捉えた映像は、それだけインパクトがあった。

二〇〇九年（平成二一）には、東京で開かれたアムネスティ映画祭でも取り上げられ、多くの観客を動員した。二〇一〇年（平成二二）には、第一回田原総一朗ノンフィクション賞を受賞した（大賞なしの佳作）。

屠場を撮影した満若氏は、当時、大阪芸術大学映像学科の三年生だった。現在は東京の映像制作会社に所属し、映画やテレビ番組の撮影にたずさわり、これまでに若松孝二監督の映画作品『キャタピラー』『千年の愉楽』などに撮影スタッフとして加わっている。

満若氏は高校時代から四年間、牛丼チェーン店の吉野家でアルバイトをしていたが、牛が肉になるまでを一回も見たことがないことにひっかかっていた。大学に入学後、ドキュメンタリー映像を製作するにあたり、屠場の撮影を企画した。

関東と関西のいくつかの屠場に撮影を依頼したが、すべて固辞され、私の仲介で兵庫県加古川市にある加古川食肉センターで撮影が許された。半年をかけて同センターに通い、作品を完成させた。二〇歳のデビュー作である。

作品では牛が屠畜、解体される過程を丹念に追いながら、作業にたずさわる職人や関係者たちの差別に対する言葉にも耳を傾けている。出演している若者の発言はあけすけで、登場する人々の部落問題に対する考え方も多様である。まさに〝ありのままの部落〟を捉えていた。

†上映に「待った」がかかる

完成から三年後の二〇一〇年（平成二二）の春には、一般公開されることが決まった。ところが同年秋、食肉センターがある地元の部落解放同盟兵庫県連合会S支部の目に留まり、「内容に問題がある」として「待った」がかかった。

さっそく満若氏は、S支部の支部長らに会いに行った。支部長の指摘・要求は、大きく分けるとふたつあった。ひとつは、若者が部落差別を笑いのネタにするシーンの削除。もうひとつは、インタビューで出演者たちが語る地名や「エッタ」などの賤称語、食肉センターの住所を表記したシーンのカットであった。以下、それぞれのシーンについて詳しく見ていきたい。

満若氏は同世代の仕事観、部落観を知りたいと考え、野球好きの二四歳の男性を中心に取材・撮影している。この男性は、知り合いが屠場で働いていたことから自ら志願し、屠場でナイフを握るようになった。食肉センターのほか、撮影を許可したセンター理事長の中尾氏が経営する精肉店でも働いている。食肉センターで働くことに違和感はないし、職場が部落内にあることや、同僚が地元の部落出身者であることも特に意識しないという。

映画の中では次のように語っている。

「俺はまあ部落出身じゃないやん。せやけど、『お前が肉の仕事しようというだけで、敏感なやつは、お前はもう部落やって思われとるかもしれへんで』て言われたことがある。でも、俺そんなんかまへんもん」

屠場で働くと部落民に見られるよ、という知人の忠告に対し、彼はそれでもかまわないと答えている。「自分は部落民とは違う」と否定しないところが、彼が部落を差別や忌避の対象として見ていないことがわかる。

映画では、彼の仕事や部落差別に対する考え方を、インタビューを通して見せた上で、次の発言を映し出している。インタビューは居酒屋でおこなわれた。（　）内は私の註で、地名はイニシャルに変えた。

「それよか、逆にそれ（部落差別）を笑いのネタにしてまうから。Sのすぐ隣りにKって（部落が）あんねんな。監督がそこの人やねん。（自分が所属している）野球のチーム名を決めるときに、S・Kなんちゃらにしようか言うとってん。んで、S・Kエッターズでええんちゃうん言うて。でもこれは怒られるやろなあ言うとった」

このシーンのすぐあと、食肉センターの責任者の中尾氏が、このような若者の軽いノリについて、一般論として次のように述べている。

「なんかバラエティみたいな感覚やな。なんでもお笑いみたいな感覚で済ましてしまおうとするとこがあるな。（部落差別を）深刻に受け取ったら、そんなこと言われへんで、そら。部落やエッタやとか言われへん人がいっぱいおんのに、まだ。現実問題よ。まだ（差別の）厳しさみたいなんが現実にあんねんて。彼らはまだわからへんし、そこまで考えてないから口に出すんや」

当時五六歳の中尾氏は、差別を笑いに変える若者の風潮を批判している。若者の差別を笑い飛ばす感覚にしても、それに対する中尾氏の批判にしても、さまざまな意見はあろう。ただ、言えることは、映像では若者の軽口を放置するのではなく、中尾氏の発言によってフォローはしているということである。

†解放同盟支部長からの指摘

満若氏は『にくのひと』の一般公開が中止に至るまで、部落解放同盟S支部や関係者との話し合いの内容を克明にメモしていた。その量はA4版で二〇枚以上にものぼった。記録することをすすめたのは、『にくのひと』の一般公開にあたってプロデューサーを務めた安岡卓治氏である。安岡氏はオウム真理教を追ったドキュメンタリー映画『A』『A2』（森達也監督・撮影）の撮影に加わるとともにプロデューサーを務めた。公開前の諸団体・個人との交渉では、詳細なメモをとってきた。言った、言わないでもめることがあるからだ。

以下、S支部支部長の発言は、満若メモからの採録である。満若氏は支部長に次のように言われた。

「これまで（われわれは）『エタ』と言われて苦しんできた。自殺したり心中したりした人びとが墓の中には眠っている。それを軽々しく酒を飲みながら『エタ』と言うのは許せない。死んでいった人に失礼だ。全国で上映した場合、そういった感情を抱く人が絶対にいる」

満若氏は「そんな風に取られないように編集してあるし、映画を最後まで見れば、そんな風に受け取らないと思います」と反論した。しかし、支部長は「そんなことはない。バッシングを受けるのは（取材を受けた）彼だ。何かあった場合、お前は責任を取れるのか？　取れないだろう」と迫った。

支部長が指摘した地名や住所の明示は、屠場労働者と部落に対する差別を考える上で、重要な問題を含んでいる。映像では、食肉センターで働く二四歳の若者のみならず、他の出演者も地名を語っている。ドキュメンタリー映像で地名が出るのは自然である。

映画ではテーマやシーンが変わるごとに、テロップを表示している。食肉センターを紹介する際には、住所が表示された。この件に関して支部長は「なぜ住所を出す必要があるのか。これでは部落地名総鑑と同じではないか。食肉センターがあるということは、部落であるということを言っているようなものだ。だから他の食肉センターでは、外観をビルのようにして、みなスーツを着てセンターに行っている。だから食肉センターがここにあると表記する必要はないし、出してほしくない」と主張した。

部落地名総鑑とは、第一章でも記したように、一九七五年（昭和五〇）以降に発覚した、全国の部落リストが掲載された高額図書である。興信所などが作成し、企業・団体などに高額で販売されていた。支部長は映像で食肉センターの住所を表示するのは、どこが部落であるかを知らせているのと同じだと主張した。

支部長はこの他にも、次のような指摘をした。主な点だけを列挙する。

・屠畜して肉になるまでを世間の人に見せる必要があるのか。その過程を見せないからおいしく食べられるのではないか。一般公開されれば肉の販売量が落ちるのではないか。

・食肉センターを見学した中学生が、泣いたり笑ったりしているシーンは、職人に対して失礼である。中学生が部落出身者だったら、公開するのは問題ではないか。
・中尾氏はS地区を代表する者ではない。したがって、以下の中尾氏の発言は容認できない。
①S地区は比較的広く、地場産業があるので経済的には恵まれていて、表立って差別されたことはない。
②部落民は差別されるだけではなく、差別する存在でもある（たとえば部落民が在日韓国・朝鮮人を差別する）。そのことを意識することは重要で、被害者性だけを強調する部落解放運動は疑問である。
これに対し支部長は、S地区にも差別に苦しんで死んでいった人びとが大勢いる。また、野球チームには韓国籍のメンバーもいるが、部落民が在日韓国人を差別するという発言を聞いたらどう思うか、などと述べた。

支部長と満若氏の会談は、二時間余りにも及んだ。満若氏は「頭が混乱しているので整理させてほしい。また連絡しますので、会ってお話しましょう」と伝えた。支部長は「会う必要はない。交渉とかそういうのは聞かないから。あとは県連（部落解放同盟兵庫県連合会）を通してくれ」と述べた。

†食肉センターの住所を出すべきか否か

支部長と会った翌日、満若氏は中尾氏に会い、支部長の要求・言い分を伝えた。中尾氏は「俺が一般公開を許可したんやから、文句があるならまず俺に言うべき」「クレームがあるなら、まず俺のところに来るのが筋だろう」と憤った。

食肉センターの最高責任者である中尾氏は、満若氏から撮影要請を受け、センターの職人や獣医の協力をとりつけた上で、全面的に協力した。次世代を担う若者を支援することが自分の役割と考えた上での決断だった。映画の一般公開に際して、撮影された人たちを含め、食肉センターの関係者は誰ひとりとして反対していない。

中尾氏は、食肉センターの住所表記や出演者が発言した地名の削除について「その必要はない。新聞でセンターが取り上げられたときは、住所が明記されている。それ（住所の削除）は〝寝た子を起こすな〟という考え方と一緒や。解放同盟は、そういうのと闘わなあかんのと違うのか。こうやって隠してばっかりいても差別はなくならへん」などと言った。

食肉センターの住所は、調べようと思えばいくらでも調べることができる。今さら隠すことに何の意味があるのか、というのが中尾氏の考えである。

寝た子を起こすな、という考え方は、部落差別は放っておけば自然になくなる、したがって部落問題をわざわざ人に伝えたり教える必要はない、というものである。部落大衆が一九二二（大正一一）年に決起し、創設した全国水平社に始まる部落解放運動は、部落や部落民の存在を明らかにした上で、差別をなくす営みである。言い換えれば「どこ」と「だれ」を明らかにした上での差別撤廃運動であった。

水平社の精神を引き継ぐ部落解放同盟が、なぜ地名や住所を隠そうとするのか。中尾氏は、支部長の考え方が理解できなかった。「どこ」と「だれ」を隠さずに上映を訴える中尾氏と、差別やトラブルを恐れてそれらを隠すことを訴える支部長。これではどちらが活動家なのか、わからない。

ただし中尾氏は、若者による野球チームの名称に関する発言については、「今回みたいに言葉尻をとらえるやつもおる」という理由でカットしたほうがいいという考えを示した。しかし、それ以外は、削除せずに一般公開するべき、と考えていた。

†障害者〝差別〟にも抗議

満若氏が中尾氏に会ったその日、彼から私に電話があった。支部長は私に対しても言いたいことがあるという。支部長の私に対する抗議内容を説明するためには、時間を少し遡らなければならない。

冒頭で書いたように『にくのひと』は、二〇一〇年（平成二二）に、第一回田原総一朗ノンフィクション賞の佳作に選ばれた。選考委員は選考会で次のように述べている。

「『野球チーム名をSKエッターズにしようか』など言葉狩りのアホらしさ、見学の女子中学生に（屠畜から）顔を背ける子もいて残酷だが誰かがやるべき仕事であること、厳しいBSE対策などもよく伝えている」（坂本衛氏）

「被差別部落の問題にすっと入っていく、あの素直さ、軽さがね、だからああいう映像が撮れたんだと思っている」（田原総一朗氏）

選考会の様子は、選考委員を務めたジャーナリスト・魚住昭氏のウェブマガジン『魚の目』で公開された。魚住氏は選考理由の参考資料として、満若氏と私の対談録をウェブマガジンに載せた。対談は二〇〇八年（平成二〇）に、東京の出版社で構成する「出版・人権差別問題懇談会」(事務局・解放出版社東京事務所)の研修会でおこなわれた。支部長はこの対談に嚙み付いてきた。以下、問題となった箇所を再録する。

角岡　次作は何を撮ろうとしてる?
満若　もともと障害者を撮ろうとは思っていました。「障害者は果たして人間かどうか」という線引きがどこにあるんだろうというようなドキュメンタリーを考えました。
角岡　人間でしょ、それは。
満若　そうではなくて、主観的な問題を撮りたいなと思ったんですが、結局、それはポシャってしまいました。でも、いつかは撮りたいなと思っています。

支部長は満若氏の発言「障害者は果たして人間かどうか」という部分を問題にした。加えて、私の「人間でしょ、それは」という返しが弱い、もっときつく抗議するべきではないか、と言っているという。

私は『にくのひと』上映問題で、S支部と満若氏の間をとりもっている県連書記次長(当時)に、支部長の言い分を聞くため会いに行く旨を伝えた。しかし、その必要はない、という答えが書記次長を通して返ってきた。抗議はするが、問題を起こした人物には会わないのが支部長の考えのようだった。

後日、部落解放同盟兵庫県連書記長と障害者団体の幹部が私に面会を求めてきたので会った。県連書記長は「魚住さんのブログは誰が見るかわからない。ふたり（満若氏と私）のやりとりは差別につながるのではないか？」と聞くので私は「差別につながりません」と即答した。

満若氏の発言は直截的ではあるが、そのあと自分で言った言葉の意味を解説している。私の返しが弱いと言われても、抗議したり制したりするような内容でもない。まともに読めば、差別につながるとは到底思えない。

とはいえ、満若氏の発言については、言葉足らずなところがあるため、加筆・訂正することが可能であることも述べた。インターネット上に掲載された対談は、それが容易である。しかし、満若氏が加古川食肉センターの職人から「削除しなければ上映に向けての話し合いには応じない」と言われたため、魚住氏のウェブマガジンから、私たちの対談は削除された。掲載からされてから一年近く経っていたが、内容については一度も抗議はなかったのに、である。

†解放同盟兵庫県連の見解

満若氏が支部長と中尾氏に会った約二週間後、部落解放同盟兵庫県連は「映画『にくのひと』一般公開に関する見解」を満若氏あてに郵送した。映画公開に際し、一個人に県連が見解を出すのは、異例のことであろう。少し長いが、主な争点について、以下引用したい。

〈作品の中で二四歳の青年が自分が所属する野球チームの命名に関わって、チームに多く在籍する被差別部落青年の出身地名をもじって「ＳＫエッターズ」にしようという話題がでてくるシーンがある。差別語である「エタ」よりもさらに強い侮蔑の意味を込めた言葉が「エッタ」という表現であり、これを映像として流すことは許されない。部落差別は残念ながら今日においても根強く存在しており、この言葉によって我々のきょうだいが尊い命を奪われた歴史と現実を考えるならば、「笑いのネタ」ですまされるような話では決してない。また、彼の発言の中等に被差別部落の地名がそのままでてきており、そこが被差別部落であるという事を公表することになってしまう。これも許されることではない〉

食肉センターを見学に来た中学生が、屠畜作業を正視しようとしなかったり、怖がったりするシーンについて、次のように指摘している。〈彼女たちの反応は現実にある食肉産業に対する忌避感を如実に現しているが、一般視聴者が忌避感を肯定的に受け止める可能性が大きい〉

屠畜作業を一部の中学生が見るのを嫌がるシーンを観た者が、中学生に共感するからダメというのである。そんなことを言えば、見るのを嫌がらなかった中学生もいる。〈忌避感を肯定的に受け止める可能性が大きい〉というのは、上映を阻止するための屁理屈であろう。

ともあれ、県連の見解は、S支部の支部長の主張を、ほぼそのままなぞった内容である。この見解が出た数日後、県連書記次長が中尾氏を訪れ、会談した。中尾氏は、映画に登場する二四歳の職人から、同級生の女性（支部長の娘）が「何かあったら守ってあげる」と言っていたという話を聞いていた。映画を観て、賤称語の使用に激怒した人物が、職人を襲撃するようなことがあったら守ってあげるというのである。中尾氏はその発言は、職人に対する脅しではないか、と抗議した。また、『にくのひと』の上映に関して、公開討論会を開くことを提案した。書記次長は「検討してみます」と言ったが、結局、討論会は実現しなかった。

県連の見解に対して、監督の満若氏は、文書で回答した。彼の反論要旨は以下の通りである。

・複数のインタビューで、「エタ」や「エッタ」という発言があるが、差別的に使われているわけではない。

・二四歳の青年が「エッターズ」と言ったのは、差別意識がないからこそ出た言葉であり、その発言のあとには若者の軽さをたしなめるシーンをつなぎ、賤称語だけが浮かび上がらないように編集している。

・食肉センターを見学した中学生の動揺は、ショックを受けるからこそ、職業の重要性がわかる。ショックを否定したりごまかしたりするのではなく、現実を見つめることが重要ではないか。

・地名を発言したり表記することについては、地名を公表しても差別されない社会を築くことが解放運動ではないのか。

言葉はどんな文脈で語られるかで判断すべきである。また、地名を公表しても差別されない社会を構築することが重要ではないか、という満若氏の主張は、そもそも部落解放運動が訴えてきたものである。ここでも満若氏が解放運動の精神を語り、運動団体がそれに否定的な見解を述べるという逆転現象が起こっている。

この回答に対して、県連からは何の反応もなかった。満若氏の「部分」（賤称語や地名）だけではなく「全体」（発言の真意、作品全体の構成、何が部落問題の解決なのか）を見てほしいという要望は、宙に浮いたかたちになった。

そのうち、中心的に登場する二四歳の職人が、公開されることで自分や家族にも危害が及ぶことを危惧し、上映の中止を満若氏に強く求めた。彼の他にも、最初は撮影も上映も快諾していたセンターのある職人が、騒ぎが大きくなるにつれ「子どもに仕事を見せたくない」という理由で公開阻止にまわった。主役や脇役が存在しなければ、映画は成り立たない。

年が明けた二〇一一年（平成二三）一月、満若氏は公開を断念する。かくして、屠場内の詳細な作業内容や、職人たちの職業や部落問題に対する奔放な語りは、二度とスクリーンで見ることができなくなった。

†多様な差別のなくし方

部落解放同盟S支部および兵庫県連が問題視した二点について、あらためて私なりに整理、考察しておきたい。

第一点目、「エタ」「エッタ」などの賤称語を使って差別を笑いのネタにできるかは、発言者・表現者の意図や、被差別者の許容度によるであろう。『にくのひと』の若者の場合、満若氏が指摘しているように、彼に差別意識がないから出た言葉である。中尾氏も次のように言及する。

「あの映像は、誰が見てもそういう（差別する）意識がないということの表明やんか。もし（差別意識が）あったら言わへんし、言い方にしろニュアンスにしろ、生の声やから伝わってくる。わざわざそれを取り上げて、問題やと言う方がおかしい。まあそれは、いろんな見方があるから『問題がある』と言う人はおるやろ。それやったらそれで、どこが悪いのか話し合ったらええ」

『にくのひと』が部落解放同盟の関係組織をはじめ、各地で上映されたことはすでに述べた。私を含め、少なくない部落出身者がこの映画を見ている。ところがS支部の指摘があるまで、私が知るかぎり、誰ひとりとして賤称語や地名の明記を問題視する者はいなかった。若者が差別する意図を持って言っていないことが見ていてわかるからである。

支部長や県連が主張する、賤称語を投げかけられ、命を奪われたから（自殺・心中した者がいるということであろう）、その言葉を安易に使ってはならないという理屈についても考えたい。ここで語られる「死」は抽象的で、何ら具体性を帯びない。

部落差別によって命を絶った部落出身者、関係者はいる（ちなみにS支部の古参の支部員に確認したが、S地区で部落差別を苦に自殺したという事実はない）。だが、そのことと差別を笑うことは別問題ではないか。

犠牲者がいるから差別を笑ってはならない、賤称語を使ってはならないという理屈には、論理の飛躍がある。差別のなくし方には、笑い飛ばすという方法もある。杓子定規に抗議することだけではあるまい。

また、部落差別に遭い、命を絶つのは、部落解放運動が彼ら彼女らを救えなかったからでもある。そのことを抜きにして、部落差別の厳しさだけを取り上げて語るのは、少なくとも私は腑に落ちない。死を持ち出して沈黙させるという運動手法が、部落問題をますます語りにくくさせているのではないか。

賤称語である「エタ」という言葉の使用をめぐって、私が体験した事例を紹介したい。二〇一〇年（平成二二）、熊本県宇城《うき》市で部落問題について話す機会があった。講演前に地元の部落解放同盟支部の女性部長から「賤称語を使った差別事件が学校で起こっているので、講演でエタ・非人という言葉を使わないでほしい」という要望があった。私は「それは無理です。部落差別を説明するには身分制に触れないわけにはいかないし、そもそも解放同盟は、水平社宣言にある『エタである事を誇り得る時が来たのだ』という精神を継承しているのではないですか」と敢えて反論した。女性部長は「私もそう思うんですけどねえ……」と少し困惑した様子だった。

講演の直前に今度は支部長があらわれ「もし去年と同じようなことが学校であったら、解放同盟は責任を取れない。（部落問題学習で）賤称語を使わないやり方もある」と言い張った。私は「そもそもいじめたり差別したりする関係が問題なのであって、言葉の使用が問題ではないのでは」と反駁したが、議論は平行線をたどった。

講演時間は迫っていた。私は納得できない話を呑むわけにはいかないので、「エタ・非人という言葉は使います」と明言した。すると支部長は「それなら俺は講演を聞かない」と言って帰ってしまった。何かあったときに責任を取りたくないのだろうと私は解釈した。

むろん、私は講演で部落差別を説明するために賤称語を使った。その後、差別事件が起きたという話は聞いていない。

このとき私が考えたのは、「いったい部落問題の解決とは何を言うのだろう。部落解放同盟は何を目指しているのか」という疑問だった。言うまでもなく、エタ・非人をはじめとする賤民は、部落差別の根源をなす身分である。部落問題を説明するのに、賤民の名称を語らないわけにはいかない。それはどんな差別問題を語るときも同じである。ときには賤称語、差別語を使わなければならないこともある（たとえば「ジャップ」「ニグロ」「石女《うまずめ》」など）。もし賤称語を使うなというのであれば、いっそのこと部落解放運動や部落問題学習は一切しない方がすっきりするのではないか。また、そのような主張は、もはや部落解放運動でも何でもないのではないか――。

差別で自殺した部落民がいるから賤称語を使ってはならないという『にくのひと』問題と、差別事件を起こさないために「エタ・非人」という言葉を使ってはならないという賤称語使用禁止問題は、根本のところでつながっている。

繰り返すが、かつて部落解放同盟が主張したように、言葉は発する者の意図と文脈の中で判断されるべきである。差別する・される関係をどうするかということこそが問題であって、単純に言葉の使用を制限するべきではない。犠牲者がいるから、問題が起こるから、といって言葉の使用を制限するのは、事なかれ主義に他ならない。

†一般公開は「生きてる標《しるし》」

第二点目は、地名発言と部落関連施設の住所表記問題である。出自を暴かれることで就職や結婚などにおいて差別を受けてきた部落民にとって、出身地名を明かされるのは、きわめてナーバスにならざるを得ない事柄ではある。しかしここでも、部落差別をどのように解決するかという問題がかかわってくる。中尾氏は『にくのひと』に引きつけて次のように語る。

「Sがあかん、Kがあかん、エッターズがあかん。そんな話はないやろ。食肉センターが舞台になって、責任者の俺が撮影を許可しとんねんから、仮に映像で住所を出したらあかんと思うのであれば、抗議するのは支部やなくてこっちやがな。

俺は別に部落で生まれたことを、いっこも恥やと思てへん。なんで隠さなあかんねん。子どものころ、東京で就職した近所の人が帰省して、また東京に帰るときに、土産を持って行きよった。ここは食肉と靴下が地場産業なんやけど、その人は靴下を持って行った。

肉を持って行ったら（部落出身であることが）バレたらあかん、ということで。隠すということは卑下してることなんや」

差別があるから隠すわけであるが、差別を撥ね除けるには、部落民自身が出自を名乗る方法もある。何度も言うが、水平社の精神を受け継いだ部落解放運動がとってきた戦術である。

大阪市内の部落の出身で、屠場（大阪南港市場）に勤める岩本俊二氏は、『にくのひと』に対する評価と地名問題について、次のように語る。

「よう撮れてると思いますよ。みんなに見てほしい。職人さんが冗談半分でいろんなことを言うてるけども、言えるような状態を職人さんが自分らでつくりだしたというところが、うわー、ええなあと。うちも（同じような雰囲気を）つくりたいなあと思いました。ただ、地名をカットしたら、全然意味がなくなります。映してる値打ちはないですわ」

岩本氏はかつて、屠場差別などをテーマにしたドキュメンタリー映像に出演した経験がある。ところが内容が「うわべだけを撮っているだけ」（岩本氏）で、納得がいかず、『にくのひと』同様、作品はお蔵入りとなった。職場の名称も出るだけに、岩本氏だけの問題では済まなかったという。

「以前に職場の先輩が南港市場で働いてて、地域（部落）出身やということで、娘さんが結納まで済んでるのに破談になったという話も聞いてますんでね。僕が映像に出ることによって『お前が出たから、俺とこの子どもがえらいことになった。どないしてくれんねん』という話になったら、僕ひとりで責任を取れないですから」

屠場の映像作品を製作する場合、差別的な内容でないことに加え、職場の承諾は不可欠である。

「うちは六〇人以上が働いてますが、九割ぐらいが、どういう職場であるか、家族に言ってない。『食肉市場で働いてる』と言うてるだけ。近所の人にも言うてない。自分の子どもにどう説明したらええか、悩んでる人もいる。昔は九九％が言うてなかった。いまはまだ一〇％が表に出る（告知している）ようになっただけましです」

では、なぜ岩本氏は、自分の職業を隠さないのか？

「ああ、仕事やからです。学校で仕事の話をすることがあるんですが、子どもたちには『要らん仕事はないで。君らのお父さん、お母さんは、君らを学校に行かせたり、ごはんを食べさせたりするために仕事に行ってるねんで』って言います。僕がいま住んでいるところは部落外で、うちの家庭だけが新参者なんですけど、近所の人にも『屠場で働いてます。焼肉しましょうか。肉買うてきまっせ』って言うてます」

何事も隠さないことが差別をなくす重要な方法ではないか、と岩本氏は考えている。また、最初から満若氏が地元支部との連携がとれていれば、映画は公開されていたのではないかと指摘する。

『にくのひと』の撮影に全面協力した中尾氏は、部落産業と差別について次のように語る。

「俺は（屠場・食肉関係業者に）いっつも言う。この仕事を恥ずかしがることはない。牛の皮を剝くもんがおらんと、牛肉を食われん。官僚ばっかりでは世の中まわらへん。みんなそれぞれに持ち場がある。職業に貴賤はないと言うけど、現実にはある。でも、官僚も皮を剝く仕事も、世の中の役に立ってるという意味では一緒や。そう評価される世の中をみんなの力でつくっていかなあかん。お前らの仕事は自分しかできひんという誇りを持たなあかん。何も恥ずかしい仕事と違うって」

そう考えるからこそ、中尾氏は食肉センターで働く人びとの了解を取り付け、自由に彼らと食肉センター内を満若氏に撮らせた。屠場とそこで働く人びとを見てもらうことが、部落問題の理解に役立つと考えたからである。

地元の解放同盟支部の抗議がありながらも中尾氏が『にくのひと』の一般公開を求めた

のは、ふたりの若者に対する強い思いがあったからでもある。

「俺としては、満若君の才能を伸ばしてあげられたらという気があってん。一般公開するのは部落問題を理解してもらういうこともあるけど、せっかく彼が屠場を撮って評価を受けとるんやから、彼の才能を伸ばして一角《ひとかど》のもんになってくれたらという気もあったんや。『にくのひと』の撮影のあとも、別の映像作品で、牛の出産シーンを撮るいうて、何日も牛舎に泊り込んでた。ただの興味本位やなしに、真剣やった。

俺は彼（『にくのひと』に登場する二四歳の職人）にも言うたんや。この映像を一般公開したら、一〇人しかお前を知らんかったのが、何千人の人がお前を知ることになる。これはお前が生きてる標《しるし》やで。生きてる標は、大きい方がええと思うでって。最初は納得してたみたいやけど、最後になったら『おっちゃん、僕、平々凡々でええねん』て言い出しよったわ。よっぽど、まわりになんか言われたんやろな」

生きている標がなくなったのは、映画に登場した若者だけではない。彼を記録した満若氏もまた、自分の作品を多くの人に見てもらう機会を失ってしまった。それは二〇歳の新人監督が見た等身大の被差別部落像を、私たちは二度と見ることができないことを意味している。

映画が公開されないことによって、当然のことではあるが何の波風も立たなかった。私たちが失ったものは何もない。だが、同時に得られたものも何もない。確実に言えるのは、部落差別の多様ななくし方を認めず、「だれ」と「どこ」を曖昧にする限り、屠場やそこで働く人びとの撮影は、ますます難しくなるであろうということである。そのことと、部落差別の解決が別問題であることは言うまでもない。

部落問題とは、まずは部落外の人たち、差別する側の問題である。だが、差別の歴史は、えてして差別される側を卑屈にし、閉鎖社会を築くという側面を残してきた。部落差別から生まれる劣等感や閉鎖性を克服するためにも、部落解放運動が存在するのではないか。ひとりの大学生が撮影した映画を取材して私は考えた。『にくのひと』が上映されることで、いったいどんな問題が起こるというのだろうか？　賤称語を使った青年を襲う人間が本当にいるのか？　けっきょくは、部落であることを知られたくない、屠畜場の存在を隠しておきたいというコンプレックスが、上映阻止の動機ではないのか——。

「隠すということは卑下してることなんや」

加古川食肉センターの中尾さんの言葉が、強く私の印象に残っている。

《追記》

二〇一三年（平成二五）末、私はS支部の支部長に原稿の趣旨、掲載誌を明記した取材依頼の手紙を書いた（一六七頁）。快諾を得て、翌年一月中旬に言われた場所におもむくと、S支部の書記長や県連の書記長、書記も同席していた。私は彼らが立ち会うことを、ひとことも聞いていない。私は支部長に取材を依頼したのである。なぜ、彼らを呼んだのか？　なぜそれを事前に私に言わなかったのか？　ずいぶん非常識なことをする人だなあと私は思った。

ともあれ、支部長が『にくのひと』をどのように見たかを聞くことはできた。しかし、取材開始から一時間余りが経ったころ、支部長が「このこと（支部長の意見）も書くんか？」「俺、そんなん（掲載誌の『週刊金曜日』）には載せてほしないけどな」「あんたに会うただけで、それを書いたりするのん、俺知らんもん」と言い出した。もう一度書くが、取材の趣旨、掲載誌を明記した手紙を読んだ上で、取材を受けているのにである。

私は一方的な話にならないために取材をしたまでである。そのことを何度も説明したが、聞く耳を持たず、書いてくれるなの一点張りである。同席していた県連書記長も「今日のことは一切書いてくれんな、いうことや」「取材した人から書いてくれるなって言ってることは、ちゃんと頭に入ったんやろね」と恫喝まがいのことを言う。私は「それはケース・バイ・ケースです」と即答した。

支部長の唐突な取材・掲載拒否に、思い当たる節はあった。取材の冒頭、支部長から、映画の中の「エッターズ」という発言をどう思うかと聞かれた。差別を笑い飛ばしているのでいいと思います、と私は答えた。どうやらそれが気に入らなかったようだ。「それはええやんという神経がね、同和のことを語れる資格ないんちゃうかと思うけどね」と支部長は私に語った。

賤称語は使うべきではないと言いながら、支部長は「エッタ」という言葉を普通に使っていた。たとえば水平社宣言に出てくる「エタである事を誇り得る時が来たのだ」という一節は「エッタが言うとるから、それでええんですよ」というふうに。賤称語で命を落とした者もいると強調する支部長が、なぜその言葉を使うのか、理解に苦しんだ。

もうひとつ、思い当たる節がある。支部長は取材の中で、自分が部落で生まれたこと、親が屠場労働者であったこと、地区内に屠場があることを恥じていないと断言した。しかしそう言いながら、S地区の住民の中で、屠場労働者が占める割合が減ってきているので

「全部、肉の街みたいな、同和が牛を殺しよるねんというイメージにはしてほしくない」とも発言した。私はそれは屠場労働者への差別につながるのではないか、と指摘した。〝肉の街〟と見られたくない、全員が屠場労働者ではないという発言が、彼らに対する差別でなくて何であろう。度し難い劣等感が、『にくのひと』上映阻止の原動力であったことをあらためて私は感じた。

ふるさとに屠場があることを恥じてないと主張する支部長は、建築関係の会社経営者である。つまり、食肉関係業者ではない。自分の問題発言が、記事になることを恐れていたのではないか――これは私の推測である。

実は原稿を書く上で、もっと確認したいことが山ほどあった。しかし「エッターズがオッケーという人に、部落問題を書いてほしくない」という理由で、取材は一方的に打ち切られた。支部長がよく言う、S地区内で自殺した人がいるという話も聞いておかなければならないと思い、事実関係を問うたが「エッターズがオッケーという人に、そんな話して、無理ですわ」とけんもほろろだった。「できないね」と県連書記長も同調した。

彼らから、部落差別の厳しさを聞くことはできなかった。本文でも書いたが、S地区で、部落差別を苦に自殺した人はいない。死を持ち出せば、大学生やライターは黙るとでも思ったのだろうか。

よくも悪くも、世の中には、いろんな見方、多様な意見がある。それを見解が違うからといって、確認した事実や聞いた意見を書くなというのは、無茶苦茶である。あなたの意見は聞かない、書かないと言っているのではない。その逆で、あなたの言い分は聞きますよ、書きますよと申し上げているのである。

部落問題をタブーにしているのは、いったい誰なのだろうか?

《資料》S支部支部長への取材依頼文（名前や地名はイニシャルに変えたものもある）

寒気いよいよ厳しくなって参りました。はじめてお便り差し上げます。

小生は加古川市出身のフリーライターで、角岡伸彦と申します。これまで部落問題や障害者問題をテーマに取材・執筆してきました。U支部長とは、S地区でお会いした記憶がございます。

さて今秋から、大阪の部落の一家を描いた『ある精肉店のはなし』が上映されています。部落差別、部落解放運動、食肉解体などを丁寧に撮影した佳作です。以前、S地区の屠場を撮影した『にくのひと』（満若勇咲監督）が、部落解放同盟S支部の抗議により一般公開されなくなりました。なぜ、一方は公開されて、一方は公開されなかったのか。どこに問題があったのか……について取材を進めています。背景には、部落問題の解決とは何かという遠大なテーマがあります。

そこで一度お会いして、『にくのひと』や部落問題解決の展望について、直接支部長のお考えをおうかがいできないかと考えています。記事は『週刊金曜日』に掲載したあと、部落問題をテーマにした拙稿を集めた単行本にも収める予定です。満若監督、中尾理事長、H前県連書記次長には取材済みで、あとはU支部長の談話を残すのみとなっています。

ご多忙とは存じますが、お時間を割いていただければ幸甚です。日時、場所をご指定いただければ、おうかがいします。何卒ご協力いただきますようお願い申し上げます。

角岡伸彦

二〇一三年一二月一二日

第四章　被差別部落の未来

時間が経てば差別はなくなる――。住民の多くがそう考えていた、大阪のとある被差別部落に、同和対策事業の網がかぶせられることになった。行政のお膳立てによって運動団体の支部が結成され、ムラは徐々に変化していく。自らの立場を認めようとせず、部落解放運動に否定的だった三人の若者は、差別の壁にぶちあたり、運動に参加するようになる。

彼らが運動団体の幹部になるころ、今度は同和対策事業の弊害という壁が立ちふさがった。その壁をどう乗り越えていくか。三人の苦闘が始まった。新しい取り組みに、部落内外の若者が駆けつけ、ムラはさらに変わっていく。

被差別の歴史をどう生かすか？　被差別部落の残り方は？　ある部落の取り組みを追った。

第一部　不安と葛藤——部落解放運動の勃興期

†北芝の今昔

二〇一五年（平成二七）もあと十日余りを残すだけになった一二月二〇日。雲ひとつない晴天の下、住宅街にある広場では「歳末！　まんぷく市」が開かれていた。

広場にしつらえられた石釜では手づくりピザが焼かれ、そのすぐそばで外国人が餅つきに興じている。テントの下では、被差別部落の食文化である油かすうどんや、地元料理のスジ肉と大根の煮物がふるまわれた。

正午過ぎに地元の和太鼓グループの演奏が始まると、食事に夢中だった人々が、ステージ前に続々と集まりだした。母親の腕に抱かれた幼児が、華麗なバチさばきに見入っている。まんぷく市のスタッフたちは、しばし料理をつくる手を休め、腕組みしながら耳を傾けている。ステージから放たれる力強い太鼓の響きは、広場から街の四方八方に広がっていった。

長らく周囲の住民から「あそこに行ったらあかん」と言われ続けてきたこの被差別部落《ムラ》は、今やさまざまなイベントを通し、周辺のどの地域よりも人が集まるようになった。広場に隣接するカフェの二階にあるNPOは、ムラだけにとどまらず周辺地域を対象にした高齢者やひきこもり、生活困窮者に対する事業を展開している。しかし、かつて賤視されたがゆえの〝閉鎖社会〟から、現在の〝開かれた地域〟に至るまでには、地元住民の間でさまざまな議論、そして紆余曲折があった。

大阪府の北部に位置する箕面《みのお》市内に、本章の舞台となる被差別部落・北芝《きたしば》がある。「北芝」という地名は、本村である「芝村」が、エタ村と区別するために名づけられたと言われ、現在の地図上にはない。その呼称自体が、被差別の歴史を物語っている。

現在は約二〇〇世帯、五〇〇人が住む集落で、かつては周辺に田畑が広がる、典型的な農村部落であった。といっても水はけが悪い土壌で、収穫量が少なかったため、地元では「カス田」と呼ばれていた。住民の大半は小作農で、それだけでは生計が成り立たず、大正期以降は土木作業などの日雇い労働や草履づくり、切り花の生産・販売を細々と手がけていた。
敗戦後の高度経済成長期でさえ、北芝の生活実態は戦前とさほど変わらなかった。
一九五三年（昭和二八）から一二年間にわたって、北芝を校区に含む萱野《かやの》小学校に赴任していた教師が、当時の北芝の児童について次のように記している（括弧内は引用者の註。読みやすいように改行した）。

〈学校では北芝地区の子どもの低学力、長期欠席の児童が多くその対策もありませんでした。私のクラスにも三名の子どもが長期欠席をしており、（保護者に）なぜ欠席しているのかを尋ねてもはっきりした答えはなく、休んでいても関心もないというような状態でした。

早速、家庭訪問をして見て驚きました。小学校六年生にもなると労働力として家で子守りをしたり、家業の生け花作りを手伝っているのです。家屋も粗末なもので、これが人間の住む家かと思われました。

子どもを学校に行かせることはできない、学校に行かせると小さい子どもの守をする人がいない、そうすると仕事ができないとのことでした。それでは学校へ小さい子を連れてきてはどうですかということでやっと学校にくることになり、学校で子守りをしながら学習することになりました〉「萱野小学校での思い出」(『血涙の道標　さあひとふんばりや』、北芝支部結成二〇周年誌編集委員会、一九八九年)

北芝の子どもの多くは、農繁期ともなると登校もままならず、休みが重なると次第に授業についていけなくなった。満足に学校に行けず、読み書きができない北芝の児童は少なくなかった。

そのような子どもが大人になれば、就労条件は限られてくる。不安定就労に就く者が多く、日雇い労働の憂さ晴らしに、北芝の男たちの多くは毎晩のように酒をあおった。ムラの肉体労働者の寿命は短く、我が子の教育にも無関心であった。それらの問題の背景には部落差別があったのだが、北芝では目を向ける者は少なかった。

†出自を隠そうとした背景

一九二二年(大正一一)に部落差別に立ち向かうべく、全国水平社が結成された。北芝ではその翌年に、地区に隣接する萱野小学校で、北摂水平社の創立大会が開かれた。「北摂」とは摂津国の北部を意味する。つまり大阪北部である。

創立大会は開かれたものの、その後、運動は低迷した。住民の間では差別に対しては積極的に闘わず、時間が解決してくれるのを待つ、いわゆる〝寝た子を起こすな〟という考え方が主流だった。部落出身であることを明らかにして生きていくことは、相当の覚悟が必要だった。

一九一六年（大正五）生まれの植木職人は、八〇年代半ばに、ある冊子で部落出身を明らかにできない理由を次のように述べている。

〈わし、四十年も植木の職人やっておってね、一本立ちしよう思たら、やっていくだけの自信あったんです。また、得意先の中にも、「なんで、あんた一本立ちしまへんねや」と、いわはる人もあったけどね。部落やいうことが知れたら、得意先なくなりますわな。もし、しごと先で、わしが北芝ということが相手に知れたとき、今と同じような調子でやな、つきおうてくれるかというね、それが先に頭にくるんですわ。そうするといっときだけの親方みたいなもんあかん。もう部落出身やということがばれたらあかんということが頭からはなれへんから、親方になろうとおもわしまへん〉（『きょうだい「むら」のとしよりたち』北芝支部結成十五周年記念誌発行委員会、一九八四年）

職人には、出身地を告げることで得意先を失うという恐怖心があった。これを「卑下」

「被害者意識」という言葉で簡単に片付けることはできない。前掲誌には、一九三三年（昭和八）生まれで、当時五一歳の女性が、自らの結婚について次のように語っている。

〈わたし、むら（部落出身）やいうことを、かくして結婚してんな。（結婚後は）むらの外にすんどったけど、近所の人がいうたんやろな。お父さん（夫）、いっしょに住んで一ヶ月もせんうちに知っとったもん。しごと中、けっそうかえて帰ってきたもん。えらいもんといっしょになったいうて。そしたらわかった時点で夫婦げんかしても今までとちがうわ。うちかて口たっしゃやからいうやん。ほな最後にそのことばがでる。「かわら」とか「れんが」とかいうて〉

かわらは四枚、レンガは四個を一束にして、まとめられていた。「四」は部落をあらわす隠語である。四つ足の動物を扱う仕事に従事していた、あるいは五本指のうち一本が足りない、つまり人間ではないなどを意味する、差別表現である。女性の語りは続く。

〈最後にそれをいわれたら、「それがなんじゃい」「それがどないしてん」しかいわれへんかった。なんぼ子どもが四人おろうと五人おろうと最後に切り札としていうた。それ耳についてるわ〉

出自を隠していたがゆえの悲劇であるが、変えることができない生まれを「切り札」に使うのは、いかにも陰湿である。だが、このような差別意識は、数十年前まで当たり前であった。差別が厳しいがゆえに、部落出身者は出自を隠そうとした。

†支部幹部と若者との路線対立

敗戦から四半世紀近くが経ち、北芝に地域を根本から変える法律の網がかぶせられようとしていた。一九六九年（昭和四四）七月、同和対策事業特別措置法（同対法）が施行され、家庭訪問した教師に「これが人間の住む家か」と思わせた北芝の劣悪な生活環境は徐々に変わっていく。

同対法の施行に併せ、同年一一月に北芝の住民約三〇人が参加し、部落解放同盟北芝支部が結成された。法律の施行から四カ月後の支部結成は、遅いタイミングだが、それには理由があった。住民の組織化にあたっては、行政が深くかかわっていた。一九五三年（昭和二八）に北芝で生まれ、当時高校生であった前田功《つとむ》が語る。

「法律が施行されるにあたって、市役所から部落解放同盟の支部をつくりなはれという働きかけがあったんです。事業の受け皿がなかったらできませんよと。事業が始まったら、汚いドブも、ボロい家も狭い道も、みんなきれいになりますよと。そのかわり支部長とか書記長とかの役員は、地元で決めて体裁を整えてくれということでした。支部結成総会の議案書も、実は役所側がつくったんですよ」

同和対策事業（同対事業）は、国が三分の二、地方自治体が三分の一の予算を出す公共プロジェクトである。地元の自治体にとってそれは、市内の劣悪な生活環境を低予算で変えることができる絶好のチャンスであった。

したがって解放同盟の支部結成は、行政の悲願でもあった。結成にあたっては、市の助役が北芝を訪れ、住民の説得にあたっている。ひととおり説明を聞いた住民のリーダーが「はしご段をひとつひとつ上がる気持ちで、ぼちぼち（行政に）ついていきます」と決意を述べた。するとそれを聞いた助役が声を張り上げた。

「一反風呂敷を広げるわけではありませんが、私らの言う通りにやってもろたら、力になります。広げたら広げただけのことはやります」

そこまで言われれば、信用しないわけにはいかない。結局、行政側のお膳立てで、支部は結成された。前出の前田の談話にある、行政側が書いた結成総会の議案書には「行政闘争を通じて生活安定、特に公営住宅を闘い取ろう」という文言も入っていた。当の行政側が「行政闘争を通じて……」と書くのは滑稽ではあるが、そこまでして当局は準備していた。

支部は結成されたものの、北芝では混乱が続いた。支部員・住民の中には、若者を中心に部落解放運動に積極的に取り組むべきという勢力がいた。同対事業の一環として給付される奨学金の受給者で組織された「高校生友の会」である。ところが運動に消極的な人々が解放同盟の支部幹部を占めていたから話がややこしくなった。

一九七〇年（昭和四五）に大阪府内の小・中学校で部落問題学習の教育読本『にんげん』が無償配布された。教育行政においても、部落問題を積極的に取り上げる動きが始まったのである。ところがそのような動きに対して支部幹部は「差別が拡大する」という理由で、教育読本の配布に首を縦に振らなかった。『にんげん』は、しばらく学校の倉庫に積み上げられた。議論の末、二年後にようやく教室で使用されることにはなったが、保護者の目に触れないようにするため、児童・生徒に家に持って帰らせない教師もいた。教師たちも支部の動向に過敏にならざるを得なかった。

同対事業で建設される公共施設の名称をめぐっても、せめぎあいがあった。大阪府内の多くの部落では、中核施設は「解放会館」と名付けられたが、北芝支部の幹部はこれに異議を唱え、「鶴亀会館」とすることを訴えた。鶴と亀はめでたいから、というのがその理由である。支部幹部は、地区内にある施設が解放会館では、北芝が部落であることがわかってしまうと考えていた。

これに異を唱えたのが高校生友の会のメンバーである。彼らは部落を隠すのではなく、立場を自覚・告知した上で差別をなくすべきであると考えていた。そのためには公共施設の名称は、他部落と同じように「解放会館」にすべきだと主張した。議論は平行線を辿り、結局、行政が間に入り、施設の名称は「萱野文化会館」に落ち着く。北芝は明治中期には萱野村に所属していた。施設の名称に部落色を排除したところを見ると、いかに支部幹部に〝寝た子を起こすな〟という考え方が強かったかがわかる。

†若者たちはいかに部落を知ったか

なぜ、このような対立があったのか、背景を説明したい。北芝に限らず、行政や地元住民にとって、同対事業を円滑に進めるためには組織（支部）が必要である。地域をまとめるため、地元の有力者や自治会の役員が組織のトップに就くケースが多かった。この地元のいわば名士が、必ずしも部落解放運動に熱心であるわけではなく、むしろ消極的であった。

誤解を恐れずに言えば〝部落解放〟に消極的な地元の名士が部落解放同盟支部の幹部に就いたのは、同対事業という〝にんじん〟があったからに他ならない。自分が住む地域がよくなることを悪く思う者はいない。部落を是認・公言することになる支部結成と同対事業の受け入れは、支部幹部にとっては苦渋の選択であっただろう。

北芝支部結成時は高校生であった前田功が、当時の幹部について語る。

「支部の役員が何を言うてたか。言葉遣いを直せ、真面目に働け、服はそこそこええものを着ろ、差別を受けるのはお前らに問題があるからや、という言い方をしとったんです。それは違うでって思ってたんですけどね」

支部幹部の主張は、差別を受けるのは部落がだらしないからという、いわゆる部落責任論であった。生活環境や就労、就学などにおいて部落が低位に置かれたのは、差別の結果であって、原因でないことは言うまでもない。どれだけ社会的地位があろうが、また身だしなみを整えようが、差別されることがある。原因と結果の混同は、部落差別をすることが当たり前の時代にあっては、さほど珍しい考え方ではなかった。部落の運動団体幹部でさえ部落責任論を主張する者がいた。

支部結成直後に幹部と高校生友の会との間で対立があったが、当初から若者たちが部落解放運動に積極的であったわけではなかった。前田もその一人である。

「僕は自分が部落民やということを高一まで知らんかってね。親もあんまり知らせたくなかったんでしょうね。寝た子を起こすなという考え方は、ムラの体質やから。

高一のときに、母親に『集会所で奨学金の説明があるから行っておいで』って言われた。うちは貧乏やから日育（日本育英会）かなんかの奨学金の説明会やと思てたんですよ。集会所に行って周りを見たら、北芝の子ばっかりやった。『あれ、なんでかな？』と思った。そしたら支部の役員が『あんたがたは同和地区の子どもやから、同和の奨学金をもらって高校へ行けんねんで』って言いよったんです。はあ？　と思って。僕はそれまで部落民と障害者と朝鮮人は嫌いやったんです。差別する側、差別者やったんです」

なぜ、差別者であったのか。前田が続ける。

「中学や高校で、まあ特に高校ですが、同級生から、あいつは朝鮮や、部落やという話がガーッと入ってきますからね。それに流されてしまってる。うちは部落と違うと思ってましたから。

そのころ、僕は女の子と付き合ってたけど、部落民やということをなかなか切り出せなかった。差別する側の理屈はなんぼでも知ってるけど、差別に反対する理屈が全然わからんかった。本を読んで勉強して、彼女に告白しました。そしたら次の日から、家に電話しても居留守を使われた。それ以降、会えなくなった」

人生の蹉跌を初めて味わった原因が、出自だった。前田の挫折と同じころ、北芝から十数キロしか離れていない茨木市内にある被差別部落の二六歳の男性が、結婚差別を苦に自殺した。一九七一年(昭和四六)、前田が高校二年生のときだった。部落解放同盟大阪府連合会と地元支部は糾弾闘争に取り組む。

「僕も恋愛に苦しんで死にたかったけど、彼は実際に死んだ。毎晩のように彼が自殺した部落に単車で行って、地元住民らの話し合いを聞いてた。僕は体が大きくなる高校生ぐらいになったら、親父を殺そうと思ってたんです。親父は土方やったり製材所で働いたりしてましたが、酒飲みで暴力的でした。あまりにもひどい親父やから、いつか殺してやろうと。

でも、自殺した青年の家庭環境を聞いてたら、自分の親父が愛おしくなってきたんです。その青年も同じような境遇で育ってた。うちの親父がドカチン(土方)で酒を飲んで僕やおふくろに暴力を振るうんは、親父の個人的な性格とは違うんじゃないかって段々思えるようになってきた。親父は戦争に行って帰ってきて、仕事がないから現場の仕事をして、酒を飲まんかったらやっていけないっていう中で生きてきたんやなあと思えてきてね。それから人に対する見方が変わってきたんです。僕はそれがごっつう嬉しかった」

部落解放運動に接して初めて、ムラに共通する問題が見え、父親を赦すことができたのだった。

†「えーっ、おれ差別されるんや」

前田より一学年下で、一九五五年（昭和三〇）三月生まれの井上勉もまた、部落問題との出会いは唐突で、衝撃的だった。

「親父が日雇いの土方で、〝飲む〟〝打つ〟で家にはカネを入れない。母親とはそのことで毎日のようにケンカしてました。家が貧乏だったので、高校に進学できるんやろかと悩んでた。

中二のときに北芝の子が集められて、学校の先生が『お前らは部落民やから奨学金が出るので高校にいける』という話をしたんです。部落民とは差別される存在で、差別を受けて自殺することもある。そういう説明でした。それが部落問題と出会う一発目ですね。えーっ、おれ差別されるんやって、ものすごいネガティブに受け止めて怖くなった。部落は隠さなあかんと思いましたね」

部落との最初の出会いは、差別される恐怖しか残らなかった。

「奨学金をもらって高校に進学はできました。通ってた工業高校は、卒業した中学校からは僕ひとりだけだった。これは隠せると思って、部落問題とは一切かかわらんとこうと思いましたね。ところが地元の北芝では高校生友の会があって、会合がある日は誘いに来る。『嫌や、行かへん』と言って断ってましたが、そういうわけにもいかないので、行ったり行かなかったりで、部落問題に対して本気やなかったですね」

友の会が開かれていた会場と井上の実家は目と鼻の先にあり、簡単に逃れることができなかった。地域社会のしがらみと実家の地理的条件が、井上と部落問題をかろうじて結び付けていた。

高校を卒業後は故郷を離れるつもりだったが、高校時代に交通事故に遭い、民間企業で働くには体力的に不安があった。試しに市役所を受験すると合格した。同対事業の優先雇用ではない。その偶然が、井上を北芝の部落解放運動により近づけることになる。

井上が入庁して三カ月後、支部青年部の部長に就いていた前田が、民間企業を経て市役所に採用された。前田は、地元の後輩であり、同じ市役所職員でもある井上を部落解放運動に執拗に誘う。井上が当時を振り返る。

「そのころは一緒の団地に住んでましてね。彼は車で通勤してたので、毎朝『乗せていってやる』と誘いに来るわけです。もう逃げられなくてね。乗せてもらっても、車の中ではずっと黙ってました。毎週木曜日の夜に青年部の定例会があるんですが、木曜になると腹痛になってました。それでも青年部のメンバーは呼びに来てましたね」

青年部は支部の下部組織で、高校生友の会のメンバーやそれを経た青年が名を連ねた。

部落解放運動に積極的ではなかった十代後半の井上が、この問題から逃げられなくなる事態が出来《しゅったい》する。高校時代から付き合っていた泰子と結婚する意志を固めたが、彼女の家族全員から猛反対を受けたのである。井上が公務員という安定した職業に就いていたこともあって、二人の交際は当初は歓迎されていた。ところが井上が部落出身であることがわかると、泰子の親きょうだいは大反対に転じた。井上が回想する。

「差別されるのは差別される側が悪いからや、いろいろ言われても仕方がないと思ってたのが、自分が差別される側になった。ガーンと揺さぶられましたね。部落問題はどこか他人事だったのが、自分の立場を自覚させられた。それからはかなり真剣に運動をやらなあかんと思いましたね」

結局、泰子は家族から縁を切られ、北芝に嫁いできた。他人事のようであった部落差別が、自分の身にふりかかると、井上は自らの立場を自覚せざるを得なくなった。以後、夫婦で部落解放運動に積極的にかかわっていく。

数年後、泰子の兄が結婚することになり、彼女だけが結婚式に招待された。縁を切られた泰子は、出席する気はなかったが、井上の強い勧めで、けっきょく顔を出した。縁は切られても、こちらから切る必要はない、つながっていたほうがいいというのが、井上の考えだった。以後、井上夫婦と泰子の両親は、ゆるやかに接近していくことになる。

家族に絶縁されたあとも、泰子は部落問題や解放運動を理解してもらうため、母親に手紙を書き続けていた。井上夫婦の意志と時間が、差別の壁を徐々に壊していった。

†土方の格好をしてバスを待つ母親

井上の二学年下に、一九五六年（昭和三一）生まれの丸岡康一《やすかず》がいた。丸岡もまた、部落や差別の存在を知ることなく育った。丸岡が高校に入学する直前に、地元の高校生が家に来て、高校生友の会に誘った。丸岡は、なぜそんな組織があるのかわからなかった。

「それ、何？」と聞くと、高校生が言った。

「部落って知ってるか？　特殊部落と言われてるとこや。おれらはエタと言われて差別を受けてるんや」

初めて聞く話に納得できなかった丸岡は反論した。

「この世の中に、そんな差別なんかあるかい」

高校生は諭すように言った。

「うちの道路は狭いぞ。狭山《さやま》事件を知ってるか？　埼玉県の狭山市で、部落出身の石川一雄さんが、女子高生を殺したと言われて死刑判決が出た冤罪事件で、われわれは不当逮捕、不当判決に対して闘ってんのや」

丸岡はその高校生に食ってかかった。

「道路が狭いのはうちだけと違う。狭山事件？　そんなの殺したに決まってる。疑わしきは罰せず言うて、ちゃんとした証拠がなかったら、この民主主義の世の中で死刑判決なんか出るはずがない。その石川が殺《や》ったんや、間違いない」

聞く耳を持たなかった丸岡にさじを投げた高校生は「お前とは話ができん」と言い残し

て帰っていった。自分が生まれ育った故郷が部落であることを認めたくない者には、差別が見えなかった。

後に丸岡は、北芝の道路が他地区と比べて狭いこと、狭山事件が部落に対する見込み捜査によって読み書きができない部落の青年を逮捕し、甘言と脅しによって嘘の自白を引き出した冤罪であることを確信する。

部落と差別の存在を認めたくなかった丸岡を変えたのは、卒業間際に在籍する中学校で起きた差別事件だった。丸岡より一学年下の男子生徒が、好意を持った女子生徒の気を惹くため、北芝の女子生徒を引き合いに出し「あなたは純粋日本人だ。彼女は純粋日本人ではない。彼女と付き合ってたら、あなたまで特殊部落民と間違われるからつきあうのをやめなさい」などと書いた手紙を送っていたことがわかった。

丸岡は初めて部落差別が現実にあることを知り、衝撃を受けた。思い返せば、小学校時代に、担任の教師からマーガリンを盗んだという廉《かど》で叱責されたことがあった。身に覚えはなかったが、部落差別の存在を知るに及んで、ああ、そういうことやったんやなと悟った。

丸岡も前田と同様に、高校生友の会や青年部の活動に参加することで、北芝の置かれてきた状況や家族のことを考えるようになった。

箕面に隣接する池田市の部落で生まれた母親は、ムラの女性を象徴するような人生を歩んできた。五人きょうだいの末っ子に生まれ、小学校時代に近隣の部落に子守り奉公に出され、学校にはほとんど行けなかった。そのため字を読むことも書くこともできなかった。

北芝出身の父親も、同じような境遇だった。新しい家庭を築いたものの、母親はあまりの貧しさに、丸岡と弟の二人を連れて箕面の滝に身投げすることを考え、近くまで行ったことがあった。だが、実行するまでに偶然、北芝の住人の目に留まり、三人の命は救われた。

ふたりの子どもを育てるために、母親は土方、女給、ゴルフのキャディー、掃除婦などの労働に就いた。丸岡が中学時代、母親が女給としてバーに出勤する姿を同級生が見つけた。同級生は「お前のおかん、夜の仕事に行ってるらしいな。夜の蝶やなくて蛾《が》やんけ」とからかった。丸岡はその同級生ではなく、母親を憎んだ。

高校時代、土方の格好をしてバスを待つ母親を見つけたが、見ぬふりをした。そんな息子に母親は気付いていたが、声をかけなかった。後に「バスに乗っても、お母ちゃんはさびしかった」と言われ、自分を恥じた。

なぜ母親は字が読めないのか、なぜ肉体労働しかできなかったのか。部落差別というフィルターを通すことによって、差別と貧困の悪循環が理解できたのだった。

†同対事業が街の風景を変える

各地の被差別部落は、同対事業によって七〇年代に大きな変貌を遂げる。

北芝では一九七二年(昭和四七)に四階建ての鉄筋コンクリートの市営住宅二棟が建ち、翌年にはさらに二棟が完成する。ここに住民の半数近くの八〇世帯が入居した。狭隘な老朽住宅や長屋に住んでいた身にとって真新しい団地生活は、部落解放運動の威力を感じさせるには充分だった。団地の建設・入居によって「運動の求心力が高まった」と丸岡は振り返る。

ただし、スムーズにことが運んだわけではなかった。市営団地が計画されると、地元の有力者たちが「このムラから離れたところで土地を買うて建ててくれ」と言いだした。同対事業によって建設されると、北芝が部落であることがわかってしまうと心配したからである。

市営住宅の建設以降、年を経るごとに支部活動は盛んになり、同対事業の諸施策が建設されていった。以下は七〇年代の主な動きである。

七二年（昭和四七）　教育守る会結成
北芝に隣接する箕面市立第二中学校に同和加配の教員を配置
七三年（昭和四八）　保育守る会結成
七四年（昭和四九）　萱野青少年会館が竣工
部落解放子ども会を組織化
子ども会などを運営・指導する社会同和教育指導員を配置
七五年（昭和五〇）　萱野青少年会館において臨時保育を開設
七六年（昭和五一）　萱野保育所を開設
七七年（昭和五二）　仕事保障要求者組合を結成

大規模事業は徐々に北芝の風景と住民の意識を変えていったが、世代間対立は続いたままだった。井上が解説する。

「当時の六〇代、七〇代の支部幹部は、同対事業で地域をいかによくするかっていう方向性ですよね。当時一〇代、二〇代の僕ら若い連中は、事業よりも部落差別をどうなくすのかっていう考え方だったので、いつもぶつかり合ってました。他の地域に比べて、極端に世代間ギャップがあったんじゃないかと思いますね」

当初は部落問題に無知であった若者たちは、それぞれに差別の壁にぶちあたると部落解放運動の必要性を感じ、高校生友の会や青年部で理論学習を積み重ねた。七〇年代には関西の大学では、部落問題を考える研究会が次々と設立され、各地の部落に入り活動を続けた。

箕面市に隣接する豊中市にキャンパスがある大阪大学では、一九七一年（昭和四六）に部落解放研究会が設立された。創設者の埋橋《うずはし》伸夫は、当初はバスに乗って北芝に訪れていたが、そのうち住み着くようになった。前田や井上より三、四歳上で、彼らにとっては兄貴分のような存在だった。埋橋が当時を振り返る。

「彼らと当時の解放理論だった三つの命題（部落差別の本質、部落差別の社会的存在意義、社会意識としての差別観念）なんかを一緒に勉強しました。彼らはそういう知識はゼロでしたから、それはもう、スポンジが水を吸うように吸収してました。拠《よ》って立つものを求めていたんですかね。理論を学習しながら、親や自分の生い立ちを書かせたりもしてました。

康っさん（丸岡）はちょっと疑問に思ったら、前に進まへん。夜でも僕の居候先に来たりね。ツートン（井上）はそこそこ勉強もできたし、一人でも生きていけるという自信があったんと違うかな。解放理論に食いついていた、あるいは反発してたという記憶はないです。ちょっとずれた感じで見てたように思います」

部落問題から逃げていた井上が、結婚差別を受けて自らの立場を自覚し、運動に参加するようになったのは、前に述べた通りである。

解放理論を「スポンジが水を吸うように吸収して」いった彼らは、次第に支部の中心メンバーになっていく。井上が世代交代について語る。

「六九年に支部ができて、七〇年代に青年が力を蓄えていった。そのときに婦人部が味方についてくれるんですよね。というのは、妊産婦守る会やいろんな要求者組合が次々と組織されるんですが、事務局的な仕事をするのは青年だった。対市交渉でも要求を勝ち取っていく。青年は手弁当でよう頑張ってくれてる。若い子を信じてついていったら生活もようなっていくし、一番解決せなあかん差別の問題に対しても真剣やということで、青年と一緒にやっていきたいっていう人が増えていった。ただ、決定的に世代間の力関係が変わるのは、八〇年なんです」

この年、箕面市議会選挙があり、支部書記長を務めていた二七歳の松本悟（故人）が立候補し、当選する。松本は部落解放同盟大阪府連の専従職員だった。

「これで一気に力関係が変わりました。若い世代から市会議員を出したことで、ムラの中高年の僕らに対するしゃべり方が変わるんですよ。今まで上からガーッと言ってたのが、敬語とまでは言いませんけど、言い方まで変わったという実感がありました。

行政にしても、ムラの中に若い人が育ってほしいという考えがあったはずなんですね。ムラの中で権力を握ってた年寄りにしかいかない情報が、われわれのほうにも流れてくるようになった。行政からすれば、若い年代と手を組んだ方が同和行政が一気に進む。そういう面で利害が一致したんだと思います」

一九六九年（昭和四四）に施行された同対法は、一〇年の時限法だった。つまり一〇年経てば法は失効する。だが、運動側の要求で、同法は延長を重ねる。

松本が市議になった八〇年以降、北芝支部は独自の路線を歩み始める。再び井上が証言する。

「他の支部がまだ団地建設の要望をしてるときに、北芝は比較的小さなムラなので、もうその事業は終わってた。じゃあ次に何をすんねんというのが常に要求される組織なんです。

で、次に教育とか福祉への要求に変わるんです。まず個人給付がいろいろ取れるわけです。今に比べて財政は豊かだったので、要求は全部通っていく時代ですから、住民にすれば若い世代についていけば、どんどん生活が良くなるということを実感できた。それが七〇年代、八〇年代です」

井上が言う個人給付とは、公営住宅の家賃や保育料、固定資産税の減免、出産・結婚に際しての資金の給付・貸し付け、高校・大学進学時の奨学金、就職支度金の支給などである。住居や進学、就職などで低位に置かれていた部落は、同対事業によって底上げがはかられた。

それまでは差別の対象であり、差別の結果として様々な格差があった地域が一変すると、周辺の住民はねたみ意識を持つようになる。七〇年代初頭、北芝の公務員はわずか八人だった。同対法の延長後の一九八一年(昭和五六)には「公務員目指す会」が結成され、最大時には一〇〇人を超える住民が市職員になっていた。そのほとんどは清掃、給食調理などにたずさわる現業職である。二〇〇世帯で一〇〇人は、相当多いと言えよう。

ちなみに丸岡もその一人で、高校を卒業後、民間企業に一年ほど勤めたが、優先採用枠で箕面市役所に入庁した。丸岡の場合、清掃車によるごみ収集に一四年間たずさわったあと、支部書記長就任と同時に、市職員のまま地元で支部活動に従事する。いわゆるヤミ専従である。大阪では珍しくなく、それだけ部落解放運動が行政に対して大きな力を有していた。

†同対事業の功罪を問いなおす

支部の青年部長から書記次長へと幹部コースを歩んだ前田は、一九八一年（昭和五六）に書記長に就任する。支部活動の方針を立て、実務をこなす要職である。同対法は名称を変えた上で延長に延長を重ね、二〇〇二年（平成一四）まで続くが、前田が八〇年代に感じていたのは、住民の事業に対する依存という新たな問題だった。

「なんでもかんでも行政に頼ってる解放運動はあかんと思った。たとえば妊産婦の手当てがもらえて、保育所はいつでも入れる。市営団地に入って、学校は同和（加配）の先生が丁寧に指導してくれる。高校も大学も奨学金をもらって行ける。就職は目指す会をつくったから、公務員になる人が多かった。

あるとき気付いた。おれたち同対事業に支えられて生きてるやないかと。子どもたちはこけそうになったら、同和加配の先生や青少年会館に常駐してる子ども会の指導員が『頑張りやー』と言うてくれる。倒れかけたらヒューッと起こしてくれる。彼らが高校生になったら、中途退学していく。なんでか言うたら、小学校中学校、もっと言うたら保育所のときから自分で考えて自分で解決する癖をつけてない。経済的にも精神的にも常に誰かに助けられて、彼らが高校に行ったり、社会人になったりしたらバタバタ倒れてる。これはあかんと思った」

高校生は中退、社会人はすぐに離職するケースが少なくなかった。そもそも北芝の児童・生徒は、低学力の問題が解決できていなかった。

一九八八年（昭和六三）とその翌年、箕面市が市内の小中学生を対象に、教育実態調査を実施した。各教科の学力に関し、四段階→よく理解している、三段階→理解している、二段階→理解できていない、一段階→全く理解できていない、という設問があった。北芝の児童・生徒は、四段階〇％、三段階二一％、二段階一八％、一段階六一％と答えた。八割もの子どもが、学校の勉強を理解できていないことがわかった。

前田の書記長就任とほぼ同時期に書記次長になった井上も、同対事業の功罪のうち〝罪〟について考えていた。井上が振り返る。

「同対事業で二〇年間も教育投資をしながら、北芝の子の学力が全然上がってないことが数字ではっきりと表れた。自分たちがやってきたことが、ほんまにええことだったのかと考えましたね。

個人的に一番ショックだったのは、中高生に夢を語ってもらったら『公務員になりたい』という意見が少なくなかった。親も公務員にさせたいと思ってる。同対事業の雇用保障で、たくさんの住民が公務員になったわけですけど、子どもたちは『大学に行かんでも公務員になれる。あのおっちゃんも、あのおばちゃんもそうや』という話をする。部落解放運動をやってたら公務員になれるって、そんなんでほんまにええんかな、ちょっと違うんちゃうかって、八〇年代後半くらいに思い始めました」

部落解放運動がさほどの努力を必要とせず、安定した公務員に就ける道をつけたとすれば、自立を促すどころか行政依存を深めただけではないか――。前田や井上ら支部幹部は、そう考えるようになっていた。

北芝支部の歴史が詳述されている『温故知新　北芝支部歴史資料館&未来絵巻』（部落解放同盟大阪府連合会北芝支部、二〇〇九年）は、北芝の子どもと親が自尊感情に乏しいことに触れた上で〈親子の共通認識として学力が低くても「いつか、どこかで、だれかが、なんとかしてくれる」という発想がかなりの部分を占めている〉〈差別に負けてほしくないという親の思いがいつしか「温室」の中で子どもを育ててきたのではないか〉と総括している。

それらの反省を踏まえ北芝支部は、九〇年代後半には、七〇年代に勝ち取った学校教員による北芝の子どもたちへの無料の教科学習を取りやめ、希望者に有料で学べる解放塾を開設した。また、萱野青少年センターに常駐していた社会同和教育指導員を引き揚げている。

†公務員の個人給付返上を断行

八〇年代半ばに支部の執行委員に就いていた丸岡は、市役所の同僚に言われた内容が、いまだに忘れられない。

「北芝には夫婦とも公務員の世帯がいた。家賃も安い。同僚と話をしてたときに言われた。『丸岡さん、おれいま3DKで家賃八、九万円払ってる。北芝は同じ広さで五、六〇〇〇円で住んでる。言うたら悪いですけど、一カ月の家賃が、北芝にとって一年分になる。そんなの逆差別ですやん』って。『そしたらお前ら、部落民になってみ。差別されるのはつらいぞ』って言い返したけど、その同僚の言うてる通りやなって思ったんですよ。『家賃が高いと思うんやったら、おれらみたいに闘えや』と言ったところで、条件が全然違う。同和対策が未来永劫にあって、それを受けることが自分たちの特権だと思うことが果たしてええのか。それが甘えや行政依存を生んでるんじゃないかと……」

丸岡は九〇年代初頭に書記長に就任し、公務員世帯の個人給付返上を断行する。高校・大学、専門学校などの奨学金の受給を停止し、数千円だった家賃を通常レベル並に引き上げた。奨学金の返上は猛反発を浴び、保護者らが結集していた教育守る会は、すぐに解散したほどだった。

部落解放同盟は、同対事業があるから組織を拡大していった側面がある。家賃の減免や奨学金などの個人給付は、井上に言わせると「運動の生命線」であった。地元をはじめ既得権を主張する他支部からの反対の声もあったが、丸岡らは押し切った。安定した収入がある公務員世帯がさまざまな恩恵を受けているのを、部落差別があるからという理由で説明できなくなっていた。当時支部長だった前田が解説する。

「客観的に世の中を見たときに、北芝よりもしんどい家庭の人はなんぼでもいてるわけです。その人たちが『北芝の人はええなあ』と言うのを『それは逆差別や。ねたみ差別や』と解放同盟は反論しとった。けど、妊産婦手当てもらって安い住宅に住んでる公務員が

『あなたがたはええな』と言われて『それは逆差別や』って、どの顔して言えんねんて僕は思てましたから。子どもを保育所に預けて、パチンコに行ってる母親もいた。こんなことを続けとったら絶対あかん。自分で生きられる人は自分で生きてくれ。それができない人は、同対事業があるんだから、サポートしてもらったらいい。でも、これもいつまでも続かないんじゃないかと考えてました。事業を続けさせることが運動の目標になってた」

一九六九年（昭和四四）以降続いてきた同対事業は、いつか終わりを迎える――そう読んでいた前田は、事業の終了を見越していた。

「将来すべての同和対策が切れるのは目に見えています。そうなったときに、北芝の子どもたちをどないして育てていくんか。支部としてお金を貯めておいて、近い将来なんらかの対応ができるようにしたい。〝北芝銀行〟をつくりたいので、いくらでもいいからカンパしてほしいと支部員にお願いして、みんなに協力してもらったんです」

〝北芝銀行〟にプールした資金で、支部は後に街づくりに乗り出すことになる。

井上は、同和行政に依存する住民をつくった部落解放運動に疑問を抱いていた。

「当たり前ですけど、生活をよくすればするほど人は流動化しますよね。経済力がある人は部落を出ていく。でも、部落解放運動って、地域に固定化する運動なんですよ。流動化するから締め付けようとして、不安を煽る。差別があるから、権力と対峙せなあかんとか。でも、解放同盟は部落差別をなくす運動よりも、生活をよくしていくことで動いているように僕には見えた。そんな運動でええのかと。もっと他の社会運動を勉強せなあかんのではないかと思うようになった」

同対事業による生活の向上が、住民を流動化させるという指摘は重要である。部落解放運動はその矛盾を抱えながら住民の不安を煽り、〝被差別〟を根拠に、行政から予算を引き出してきた側面は否定できない。その結果、同和行政にしがみつき、あまつさえあぐらをかく住民さえ出てきた。公務員世帯の個人給付の返上は、行政依存から抜け出す第一歩だった。ちなみに個人レベルはあっても、支部単位で個人給付を返上した例は、他にはない。

†行政依存から自立へ

行政に依存せず、自立しようという北芝の動きは、八〇年代から始まった。障害を持つ北芝の中学生の進路を地元で話し合い、支部が主導して市民債権を発行し、六〇〇〇万円を集めた。その資金を原資に大阪府の補助金を加え、一九八五年（昭和六〇）、障害者の作業所「そよかぜの家」の設立にこぎつける。

八〇年代半ばには外部の建築事務所の協力を得て、同対事業の見直しに取り組んだ。住宅や道路、公園などのハード面は同対事業で整備され、衣・食・住はどうにかなった。今後、どういった街づくりをしていくかが、北芝支部の重要課題となった。北芝は転換期を迎えていた。

同対事業の施行から二〇年余りが経った一九九一年(平成三)、井上が旗振り役となり「みのおまちづくり研究会」が発足する。井上は一九八九年(昭和六四)に支部の書記次長を退任し、部落解放運動から距離を置こうとしていた。

「当たり前のことですけど、支部では部落解放運動しかやらないんですよ。外を見たほうがいいんじゃないかと思って、書記次長をおりたのをきっかけに、ムラから離れてみようと。その上で解放運動の周辺にいた人たちと、箕面でどんな問題があるのか、僕らが街づくりで何ができんねんというようなことを考えたいなあと思った。要は脱皮したかったんですね。部落の井上、北芝の井上ではなくて、井上個人をどう形成していくか。なんやかや言うても、結局は北芝の組織がバックにある井上だったんですね」

ムラから離れたいとは思ったものの、知り合いからは「主語が北芝やないか」「なんで主語が箕面にならないのか」と言われた。「なんやかや言いながら、北芝へのこだわりがあったんかなと思いますね」と井上は苦笑する。

片足を北芝に、もう片足を北芝の外に置きながら、井上は街づくりを考え始める。このとき井上は、三〇代半ば。支部結成以降、自分たちより上の世代との軋轢に苦しんだが、今度は下の世代の育成が焦眉の課題になっていた。

まちづくり研究会の活動では、市職員の組合をはじめ、各組織の若手に声をかけた。市会議員も、それまで付き合いが深かった革新系だけではなく、保守系を含めて今後の箕面の街づくりをどう進めていくかを議論した。市政学習会を開いたり、全国の街づくりの先進地に視察に行ったりした。

「解放同盟は、北芝を含めて常に自分たちの路線が正しくて、若い世代を育てなあかんという考え方だった。世代交代というよりも、おれたちの路線を引き継げという感じです。上の世代の監視下で圧力をかけながらやるので、下の世代が育たないんですよ。自分たちが正しいという運動方針の中で、人は育つはずがない。若い世代が好きなようにできる仕組みを研究会を通してつくりたかったんです」

みのおまちづくり研究会には、九〇年代の初頭に支部の書記長に就任していた丸岡も参加していた。丸岡は研究会に参加して初めて、市民の要望と支部の役割を自覚する。

「研究会主催で、ワークショップ（参加者が調整役《ファシリテーター》とともに討議しながら合意を得る研修会）をやったんです。福祉の課題が多かったんですが、あるボランティア団体が、自分たちの活動の拠点が欲しいという話をしてた。それを聞いて、俺らはなんて恵まれてるんやろと思った。北芝には同対事業でできた、いろんな施設がありますからね。活動拠点がないという話を聞いて、彼らの自主活動を側面支援するのも、俺たちの運動やないかと思ったんですよ。

それまでは支部が支部員に、こういう取り組みをしますよと提案してた。言われた方は『それに参加したら何くれんねん』という〝待ち〟と〝もらい〟の姿勢。いろんな取り組みをしても人が集まらないと悩むよりは、みんながやりたいこと、夢を実現するために支部が後方支援するように運動スタイルを変えたらどうやろうと考えた。支部のお達し運動ではあかんと思たんです」

†北芝と周辺がつながる瞬間

ワークショップという手法の衝撃を、丸岡は『大阪・北芝まんだら物語』（北芝まんだらくらぶ編、明石書店、二〇一一年）の中で次のように記している。

〈市民対話集会では動員によらない市民が大勢参加し、しっかりとした問題意識を持ちながらさまざまな分野（環境・福祉・女性・教育・障害者差別等）で発言している姿を目のあたりにしました。それまでの「部落解放同盟こそが人権運動の先端であり、理解できないのは市民の責任」という発想のまちがいを知る転機となったのです。「まち研」（みのおまちづくり研究会＝引用者註）の取り組みは、地域に根ざした非常に活発な活動であり、井の中の蛙とはまさに自分たち自身ではないかと思い知らされることになりました〉

「井の中の蛙」と悟ったものの、支部ですぐに新しい取り組みが始まるまでには時間がかかった。丸岡が振り返る。

「支部で一泊のワークショップをしたとき、あるおっちゃんが『自分はまだ六七歳で若いし、年金も少ないから働きたい。けど、働くところがない』と発言した。参加者に『そう思ってる人は、どれだけおる？』って聞いたら、たくさんいてた。『ほなら、たとえば道路とか公園を清掃するとか、自分たちで仕事をつくって稼ぎにしませんか。それを同和対策事業やなしに、市の委託事業として受けるように働きかけてみませんか』と提案したんです。市にも働きかけて九七年にできたんが、高齢者の『まかさん会』という組織。九九年にはＮＰＯ登録して、市の業務委託を取ることができた。市にしたらどこの業者でもええわけやけど、地域住民が自分たちで責任を持ってコミュニティを守れるということで、市当局と合意できた。自分たちがしたいことを自分たちで計画を立てて実現していく。そんな運動のスタイルが徐々にできていったんです」

上意下達ではないワークショップの手法は、北芝の部落解放運動を変えた。一九九五年（平成七）に北芝の道路を整備することになった。地元・北芝はもとより、子どもや周辺住民、行政の担当者を含めて約八〇人がワークショップに参加し、どんな道路がいいかを話し合った。「昔は馬車道だった」「六尺道だった」「子どもが道端で遊んでいた」などの声が上がった。それらの意見を汲み上げ、完成した道路には、ベンチを配置し、ひと休みできるポケットパークを設けたり、柵の上に馬のマスコットを設置したりするなどの工夫がほどこされた。ワークショップに参加していた丸岡が、意外な事実を打ち明ける。

「本来あの道路は、車道の幅が六メートルないとあかんねんけど、五メートルしかない。車道が広い方がええというのは、車を運転する側の意識。僕らは、車イスをどうすんねんとか、歩く人間の目線で計画をつくったわけです。ワークショップでは〝歩道を充実、車道は窮屈〟という視線で行こうか、となった。最初、箕面警察は許可を出さなかった。でも、住民と行政が一体となって計画したから、箕面市が頑張った。大阪府警本部まで行って、オーケーもろてるねん。同対事業関連の道路やけど、解放同盟だけが『五メートルにして』って言うても、箕面市は『警察はうん、言うてくれませんでした』で終わってんねん」

住民、行政、支部が意見を出し合ったからこそ完成した道路であることを丸岡は強調する。ワークショップを開くまでの周辺地域への参加呼びかけが、丸岡には新鮮な体験だった。

「北芝にとって差別が一番厳しいのは、ここから何キロも離れてる箕面の駅前と違うねん。周辺やねん。その周辺に一軒一軒、チラシを持って『ワークショップに来てください』と言うてまわった。このことが大事やねん。『来たら受け入れたるで』という横柄な態度では運動団体は破綻する。ただし、へりくだるのとは違う。部落解放は周辺とのつながりの中で達成されると思てんねん。部落さえよかったらええとは思ってない。部落解放は部落の中だけでやるんじゃない。外に一歩踏み出す取り組みとして、あの道路があったんよ」

道はそれまでにもあった。しかしそれは、ただの道であった。丸岡にとっては、周辺への呼びかけやワークショップを通して、初めて北芝と周辺の道がつながったのであった。

†受け皿としてのNPO法人

同対事業が施行された翌年に開館した萱野文化会館は、一九九四年（平成六）に萱野青少年会館と統合し、箕面市立萱野中央人権文化センター（愛称「らいとぴあ21」）として生まれ変わった。一階には約三万冊の蔵書を誇る図書コーナーが設けられた。私は少なくない部落を訪れたが、ムラの中核施設の一階に広大な図書コーナーがあるのは、見たことがない。

当初は、らいとぴあ21に図書コーナーが開設される予定はなかった。その当時、箕面市は、市内に図書館を七館建設する構想を立てていたが、その中に、らいとぴあ21は含まれていなかった。書記長に就任していた丸岡は、なんとしてでも北芝に図書館を誘致したかった。ところが学識経験者らで構成する箕面市立図書館協議会が、七館構想があることを理由に首を縦に振らなかった。

丸岡は図書館協議会の会合に出席し、直談判に及んだ。北芝の高齢者は被差別の歴史があるゆえに非識字率が高いこと、そのため活字に触れる機会が失われてきたこと、机の前に長時間座ることができない子どもたちが多いこと……。丸岡の熱弁を聞いた大学教授の協議会会長は「丸岡さんがおっしゃったようなところにこそ、図書館は必要ですね」と賛同してくれた。オセロゲームのように、他のメンバーも賛成意見に転じ、図書コーナーは開設されることになった。

コーナーと名付けられてはいるが、三万冊の蔵書は、事実上の分館で、記録されているだけでも、一日に約一〇〇人が利用している。むろん、北芝住民だけではない。地元の実情と熱意があってこそ、文化の拠点が開設できたのであった。

らいとぴあ21には、市民活動のよりどころとなるスペース「ひゅーまん」も設けられた。丸岡がかつて、みのおまちづくり研究会のワークショップで参加者から聞いた要望を活かした事業であった。

らいとぴあ21がリニューアルオープンした翌一九九五年（平成七）。阪神・淡路大震災が発生した。被災地を中心にしたボランティア活動が注目され、一九九七年（平成九）にはNPO法案が衆議院を通過した。経済的利益のみを追求するのではなく、社会貢献を目指すNPO（Non Profit Organization）は、曲がり角を迎えていた北芝支部にとって、うってつけの組織であった。

北芝支部は、来るべき同対事業の終焉に向け、あらたな取り組みを始めようとしていた。

同対事業の終了後は、らいとぴあ21をはじめとする諸施設の運営や事業を、どの組織がおこなうかという問題が浮上してくるはずである。同対事業のために市が先行取得した北芝内の土地を支部が購入する際、任意団体よりも法人組織の方が信頼性があるという判断もあった。その受け皿として、NPO法人の設立が検討された。

さっそく情報収集に取り掛かった。後にNPO法人の職員となる川岸英夫は、前掲『大阪・北芝まんだら物語』に、当時の様子を次のように記述している。

〈一九九七年、横浜で開催された「NPOフォーラム」という全国規模の集会に参加することに。「知識じゃ負けるが、数では負けん!」と、まあ、団体旅行状態です。会場はあふれんばかりの大盛況で、(本当にあふれました……)大学の先生だとか、国際ボランティアの専門家だとか、みんな知的そうに見えてしかたありません。基調講演を聞きます。聞き慣れぬ日本語、難しくてちんぷんかんぷんです。二時間話を聞いて、どうやらこれからはエヌ・ピー・オーの時代らしい……、ということだけはわかりました(それだけかい!)

さて持ち前の突撃力で、夜の交流会にも参加します。勇気をふりしぼって名刺交換。「解放同盟」の名刺にみんなビビッています(なぜこんなところに解放同盟が?)。しかし参加者はエネルギーあふれる猛者ぞろい。まちがっても逃げたりはしません。「解放同盟って、まちづくりをやっているんですねえ？　どんな課題があるのですか？」と。
逆に北芝の面々にしてみれば「解放同盟以外でも、まちづくりやってる組織があるのですねえ（←どんだけ井の中の蛙やねん！）」と話が弾みます。時代的な課題、ミッション、NPOをめぐる政治状況（ちょうどNPO法が議員立法により提案されたところです）など、話も盛り上がります。世の中、同じ志をもっている人が多数いることに、一同意を強くして帰途についたのでした〉
新しいステージに向けて、まさに手探りの状態であった様子が描かれている。川岸の文章は、次のように続く。
〈帰阪してすぐに報告会を開き、NPO活動を本格化するための議論をスタートさせようということになりました。何年後かには法人格をとれるということなので、それをひとつの目標として議論しました。（中略）このときに、とくに議論されたのが、北芝の中での組織のリストラでした。
解放同盟傘下に各要求者組合、受給者組合がぶら下がるという構図を、時代状況や実情に即応できる組織体系に再構築することが中心でした〉
北芝支部は、同対事業で膨れた組織を整理し、NPO法人を中心にした活動にシフトし始めた。

†自前の同対事業

二〇〇一年（平成一三）、北芝の活動拠点となる特定非営利活動法人「暮らしづくりネットワーク北芝」（以下、暮らしづくりネットワーク）が設立される。組織は徐々に拡張し、現在は約五十人のスタッフが活動を支えている。

活動の内容は、コミュニティ・カフェ、コミュニティ・ファンド、地域通貨、福祉サービスなどの事業運営や、祭り、もちつき、映画会、朝市、駄菓子屋などのイベント開催である。本章の冒頭の「歳末！　まんぷく市」も、暮らしづくりネットワークの主催でおこなわれた。

これらの事業には、大阪にある複数の部落の街づくりにたずさわっている建築家の寺川政司（二〇〇〇年から近畿大学建築学部准教授）が尽力している。寺川は二〇〇〇年（平成一二）から、国土交通省の事業（まちづくり計画策定担い手支援事業）で、北芝がどんな問題を抱えているのか、今後の街づくりはどうあるべきかを探る調査に入った。寺川と暮らしづくりネットワークがタッグを組み、以後、北芝はさまざまな事業を展開することになる。

中でも二〇〇〇年（平成一二）に設立された「きたしばコミュニティファンド」は、八〇年代に同対事業の終了を想定し、支部が集めたカンパが資金になっている。暮らしづくりネットワークの設立に中心的にかかわった井上が解説する。

「支部員に『北芝銀行に貯金して』って言ってたカネが、三〇年間で二億円くらいになってた。運用しない限り死に金になるので、それをファンドにしようという話になった。当時はサラ金、ヤミ金が騒がれたときで、同対事業はどんどん切られて、同和更生資金という、一時借りができるファンドもなくなってた。生活保護を受給する手前で頑張ってしんどい思いをしてるメンバーに何かできないかっていうので、コミュニティ・ファンドをつくったんです。わかりやすく言うと、生活の一時金の貸し付けです。

それを北芝だけじゃなくて、北芝のまわりにいる、社会課題を解決しようとする人たちにも資金を貸し付けていこう、投資をしていこうということで活動を続けた。例えば高齢者の介護支援事業なんかがそうです」

暮らしづくりネットワークが目指したのは、自分たちの資金で街づくりや福祉事業をおこなう〝自前の同対事業〟であった。

二〇〇三年（平成一五）には、暮らしづくりネットワークがかかわり、国交省の「多様な主体の参加と連携による活力ある地域づくりのモデル事業」として「ゆめ工房」プロジェクトがスタートする。北芝に隣接する広大な土地に巨大商業施設がオープンするのを機に、暮らしづくりネットワークが国交省のモデル事業に応募し、選ばれた。八六件のエントリー中、八事業しか合格しない難関だった。被差別部落に拠点を置くNPOとしては、初めての事業である。

「ゆめ工房」は、北芝の「差別されてきたがゆえの閉鎖性」（『大阪・北芝まんだら物語』）を打破するため、さまざまな出会いを仕掛けた。地域通貨や福祉サービスをおこなうチームを発足させ、北芝内の約八〇〇平方メートルの遊休地にふたつのコンテナを置き、イベントや店舗に活用した。中古コンテナの下見から内装まで、暮らしづくりネットワークのスタッフがおこなった、まさに手作りの拠点作りであった。この遊休地で、地蔵盆祭りや野外映画会などが開催された。

「ゆめ工房」は、五つの工房（場所）に五つのプロジェクト（活動）をはめこみ、二〇を超えるイベントをおこなった。あまりにも多くの事業を展開しているので、何を核としているのかがわかりにくい。北芝の街づくりの特徴を寺川は次のように解き明かす。

「あそこは組織の上部で決めたことを落とし込んでいくという形じゃなくて、生き物のように活動するんですよ。アメーバというかシナプスのように広がっていくタイプ。なんでもやってますね。チャレンジする仕組みが、結果的につながりだす。地域や事務局がやる仕事は、アイデアを生み出しやすい雰囲気づくりとか、それが出てきたときのサポートです」

なぜ、上意下達型ではなく、誰でもチャレンジできる仕組みが可能だったのだろうか。

「ツートンさん（井上）とか丸岡さんが、（企画や運営を）若者に任せたからでしょうね。基本的な方針は持ってるけど、あとはやらせてみる。『俺は聞いてない』とか、『やってることに何の意味があるねん』とは言わない。いろんな世代を巻き込むことについては、北芝的なものがあると思います」

世代交代を意識し、余計な口出しをしないからこそ、いろんな企画が持ち上がり、後進も育つ。「ゆめ工房」では、企画運営委員会は設立したが、「出入りは自由」（井上）で、住民や暮らしづくりネットワークのスタッフたちが持ち込んだアイデアを次々と事業化していった。

遊休地に隣接する土地には、二階建ての一軒家を建設し、一階にはカフェ、二階には暮らしづくりネットワークの事務所をオープンした。カフェではこれまでに、落語会、コンサート、講演会などさまざまな催しが開催された。

遊休地は、同対事業を進めるために箕面市が購入していたが、暮らしづくりネットワークによって買い戻され「芝楽《しばらく》」と名付けられた。土地購入の意味について寺川は次のように語る。

「活動の拠点をつくったことは重要ですね。芝楽は自前のもので、公共の施設じゃない。だから行政におうかがいを立てなくてもいい。お酒も飲めるし、自由にいろんなことができる。行政の持ち物だったら、やれることは限られてくる。芝楽は自立のシンボルみたいな空間ですよね」

国交省の事業は一年間だけであったが、芝楽では、餅つき、ジャズやアフリカ音楽のコンサート、ビアガーデンなどの事業が継続しておこなわれている。

二〇〇七年（平成一九）に初めて北芝を訪れた私は、広場に置かれたコンテナ・ハウスでの駄菓子屋や、毎週金曜日に開かれる居酒屋「習慣金曜日」の存在を知り、「こんな面白い部落があるのか」と驚いたものである。「人権」「反差別」を打ち出しておこなう部落解放運動がらみのイベントは、えてしてセンスに欠けるものが少なくない。だが、北芝のそれは、自らが楽しんでやっているという雰囲気が伝わってきた。その印象は、昔も今も変わらない。

†差別する側、される側の中間部分

暮らしづくりネットワークが設立された翌二〇〇二年（平成一四）、井上は箕面市役所を四八歳で早期退職している。建築関係の技術職として入庁し、二〇年間は建築課に所属したが、その後は福祉、さらに財政にたずさわった。技術職で入った高卒職員が、国でいう財務省である財政課に所属するのは異例である。いわばエリートコースだったが、井上は公務員主導の部落解放運動に限界を感じていた。安全地帯にいながらリスクを背負わず、街づくりにかかわることに違和感が募っていた。同時にコミュニティビジネスに興味を持ち、自分でやってみたくなった。出した結論が、早期退職であった。

暮らしづくりネットワークを設立した前後の時期を、井上は次のように整理している。

「九〇年代は、ムラの中にいかに制度を当てはめるかが課題だった。そのころの部落解放のイメージは、ムラを開けて、外のコミュニティに入ってきてもらおうという発想だった。それが、らいとぴあ21や市営団地の一般開放だった。でもムラが開いても、入ってきた人の心が閉じてたら、つながらない。そのことに二〇〇〇年に入って気付いた。開いているだけではあかん、発信してつながらないとあかんのやと。そこで内と外をつなぐ中間部分を作ろうと考えた。内から外へ出て行くのもいいし、外から内へ入ってくるのもいい。自由に出入りできるものをイメージしたのが、暮らしづくりネットワークだったんです」

井上の面白いところは、部落解放運動を被差別部落という空間や立場を中心に据えるのではなく、中間部分を作ろうとしたところにある。そこは差別する側、される側という固定した立場から、いったんはフリーになる。しかしそれは、差別する自由を包含する危険もあった。

「内側（部落）にいる人たちは、今まで閉じてたから、同質のコミュニティなので、ある意味で安定してる。それまで付き合いがあったのは、学校の教師だったり、市役所の職員だったり、仕事として〝部落解放せなあかん人たち〟です。『部落差別はあかん』て言わなあかん人ですね。僕らはそういう人たちとずっと接してたわけです。

中間部分は出入り自由なんで、言い逃げもありなんですよ。元から住んでるわれわれもそうだし、来た人も。ある意味、不安定な場で、下手したら差別が起きる。あるいは差別が強化される場面もあるわけです。部落のことを知らん若い世代に『好きに入ってきてええよ』ってやるわけですから、セミナーひとつにしたって、それまでとは違う単純な質問とか、答える必要がなかった質問にも答えなあかんようになった。『部落って何ですか?』とか『差別ってまだあるんですか?』とかね。もっと言うと差別意識を持った人も入ってくる。

そこだけを切り取ったら、運動が弱体化してるように見えたり、差別するのを許すのかっていう話になってしまう。内側にいた人は『そら見たことか。』出会い、つながりとか言うて開いても、差別は強化されとるやないか。おれらが迷惑する』という意見が出てきたりする。『あんまり部落、部落と言うな』とかね。置いてけぼり感を持った人たちは、僕らの運動に対して批判的になった」

ムラの内部で、新たな対立が生まれる構図である。

「中間部分をつくったのは、部落にこだわりながら、それを言っても差別されない、もっと言うと差別されてもいい、一緒に考えてやっていける地域をつくれるのかっていう実験やと思ってる。これ、非常に根性の要る実験やと思うんですけど、これを越えないとあかんのちゃうかと」

井上らの実験に、次々と意欲ある若者が集まり始めた。

北芝第二章の始まりである。

第二部　継承と挑戦——部落解放運動の転換期

†プノンペンのスラムから大阪へ

現在、暮らしづくりネットワーク北芝の事務局長を務める池谷《いけがや》啓介は、北芝はおろか関西とも縁がない、東京の生まれ育ちである。その池谷がなぜ、北芝の部落解放運動にかかわるようになったのか。北芝の変革期と重なるので、しばらく彼の来歴をたどりたい。

一九七三年（昭和四八）に府中市で生まれ育った池谷が進学したのが、都立国立《くにたち》高校だった。有数の進学校だが、池谷はサッカーに熱中するスポーツマンであった。

国立は池谷にとって居心地のいい街だった。高校のころから、一橋大学の学生食堂や図書館に出入りし、友人たちと大学通りでバーベキューを楽しんだ。文教地区という環境もあって、国立の住民は街づくりに関心が高い。池谷は自分の居心地のよさが、実は住民や建築家らによって周到に計画、デザインされたものであることに気付く。建物や空間が人に与える影響に興味を持ち、一九九一年（平成三）に東洋大学工学部建築学科に入学した。サッカー熱は衰えず、工学部では唯一のサッカー部員であった。しかし三年生になってすぐに故障し、ボールを追うことはあきらめた。

東洋大学には、アジアのスラム問題や被差別部落の街づくりにかかわっていた内田雄造教授（故人）がいた。内田の授業で未知の世界に惹かれた池谷は、三年生に進級すると迷わず内田研究室に入った。内田は、六〇年代後半の東大闘争で逮捕、拘留されたことがある学生運動の活動家だった。研究者としては、国内では被差別部落、国外ではアジアのスラムの街づくりにかかわった。被差別部落の街づくりにかかわる学者は、さほど多くない。その意味で内田は、並外れた情熱と行動力の持ち主であった。

アジアにおけるスラムの街づくりの魅力を内田から聞いた池谷は、次第に海外に目を向けるようになる。大学時代はアジアやヨーロッパの街を自分の目で確かめるべく、バックパックを背負って歩き回った。卒業後は海外で活動することを志望し、内田研究室の先輩から、内戦が終わったばかりのカンボジアは、住民運動が始まったばかりでやりがいがあるのでは、というアドバイスを受ける。池谷はその助言を実行する。彼もまた、師ゆずりの情熱と行動力の持ち主であった。

大学を卒業後、半年間のアルバイトで旅費をため、一九九七年(平成九)に、カンボジアの首都・プノンペンにあるNGOの職員として、スラムの街づくりにたずさわった。池谷がかかわったスラムは、大きいところでは七〇〇〇世帯もあった。最初におこなったのが、地図づくりだった。自分たちで測量して地図を作成し、居住者の家族数、教育歴、水事情などの情報を次々と書き込み、それらの情報をもとに、行政交渉をおこなった。

「住民の課題は、まずは教育でした。内戦で教育がないがしろにされてたから、たとえばトイレをつくって衛生面に気をつけることの意味が理解できない。不衛生だから、子どもに下痢症状が多い。トイレをつくったら、子どもたちが下痢をしなくなって薬を買う量が減る。そうすれば子どもは働かないで学校に行くことができる。親には、手を洗ってから料理をつくることを繰り返し伝えました。

就労も大きな問題でした。日雇いに行って一日二ドルもらうよりも、一日一ドル半でも毎日行くほうが安定する。『いや、一日二ドルのほうがいい。明日死ぬかもしれない』という反論があったら、安い賃金でも安定してお金が入ってくるほうが、長い目で見たらいいことを理解してもらった。日々の賃金を貯蓄して組合をつくって、貯めたお金で事業を始める人に貸し付けることもやってました。衛生、就労をセットで学習していく。僕自身も住民と一緒に勉強させてもらいましたね」

熱意と根気と行動力がなければできない仕事である。プノンペンのスラムの諸問題は、かつて多くの被差別部落が抱えていた課題と共通していたことを後に知る。

職場の同僚のイギリス人から英語を学び、家庭教師をつけてカンボジア語を習得し、NGO活動にやりがいを見出していた池谷に、やがて転機が訪れる。プノンペンに来て三年近くが経つころ、被差別部落の街づくりにかかわっていた建築家の寺川が、池谷を応援するため、プノンペンのスラムにやってきた。ふたりは、アジアのスラムの住民運動支援を通じてお互いを知っていた。

寺川の記憶によると、酒が入った席で、池谷がプノンペンでの活動の苦労を力説し、日本の住民運動を軽んじるような発言をした。少なくとも寺川にはそのように聞こえた。三〇過ぎの寺川は、二〇代半ばの池谷に言った。

「日本にも解決せなあかん問題はあるよ。日本にある問題を知ってから、海外で活動するのもいいんじゃないか。来年から大阪の部落に調査に入るけど、君は来ないよな」

その言葉を自分への挑発と受け取った池谷は、「じゃあ参加します」と答えてしまう。

「売り言葉に買い言葉だった」と池谷は振り返る。

†ミイラ取りがミイラに

二〇〇〇年（平成一二）、池谷は日本に帰国し、東洋大学国際地域学部の修士課程に進学し、大学時代に旅先のチェコで知り合った智子と結婚した。東京都内に住みながら、先述した国交省の事業（まちづくり計画策定担い手支援事業）の調査で北芝に通った。

北芝では市営団地の集会所に間借りし、池谷を北芝に誘った寺川とともに、住民の聞き取り調査を続けた。見知らぬ男が集会所に住んでいるのを見つけ、不審に思った住民が、警察に通報する一幕もあった。

それまでじっくり接したことがなかった部落は、池谷にとっては新鮮だった。

「集会所には風呂がないので、地元のおばちゃんが『入りにおいで』って誘ってくれた。家に行ったら、ご飯が出て『食べや』って言われて、むっちゃ嬉しかったですね。ムラの人はすごいあったかいと思った。もっとしんどいことがたくさんあると思って行ったけど、みんな日々を楽しんで生活してるなっていう感じはすごく持った。

行って良かったのは、何人かのキーパーソンに繋がることができたことですね。そういう人と一緒に夕方、調査対象者の家に行ったら、みんなで晩御飯を食べながら昔話で盛り上がる。気がついたら隣りの人も来てたりして、ほんまにコミュニティが残ってるなと思った。僕はそれを聞き取って調査書に書き入れていった」

東京と大阪を往復する生活が一年続いた。北芝の調査が終わると、北芝とは別の部落にある新大阪人権協会に就職し、住民の相談に応じる仕事に就いた。部落問題を知ることが、後の自分の人生に役に立つのではないかという予感と実感があった。生活基盤ができたことをきっかけに、生まれたばかりの長女を連れて、夫婦で東京から北芝の市営住宅に引っ越した。プノンペン仕込みの適応能力もあったのだろう、新婚夫婦は地域で受け入れられた。

「ふたりとも東京出身やから、地域の人が『友達おらへんやろ』『しんどないか』ってすごく丁寧に受け入れてくれたんですよ。生まれたばかりの子どもも、地域の人が何かと面倒を見てくれた。僕は自分の子どもを風呂に入れたことがほとんどないんですよ。『うちにおいで』って誘ってくれるので。ですからうちの子どもは、地域でずっと育ててもらった感じですね」

当初は北芝に住むのは一年だけの計画だったが、仕事においても住むことにおいても、部落とかかわることが面白くなっていた。

就職した新大阪人権協会では、啓発事業にもたずさわった。プノンペンで隣りに住んでいた写真家の後藤勝に依頼し、写真展『対岸の肖像　ＢＵＲＡＫＵとのかけ橋』を企画した。年齢も職業もさまざまな全国各地の部落出身者が、名前と顔を出した上で、ふるさとに対する思いを語っている。

たとえば池谷の友人で北芝出身の養蜂家・埋橋幸広である。大阪大学部落解放研究会の創立者で、北芝の住民となった埋橋伸夫の長男の幸広は、仕事場の広大な野原に立ち、次のように述べている。

〈かつて部落がもっていた深刻な社会問題を熱い運動の末、解放へと導いてくれた親や、その仲間たちに感謝します。私は本当に解放され、生きています〉

満たされた表情と言葉が印象に残る一葉である。

「部落の人って、こんなに格好いいよ。こんなに素敵に生きてる人がいるよ、というのを見てもらいたかったんですよ。そういう人が、僕のまわりにいましたから」

池谷が企画の意図を語る。登場する人物もさることながら、企画者のセンスを感じさせる内容であった。

二〇〇七年（平成一九）に、北芝の高齢者施設が市の指定管理を受けたことで、池谷は福祉サービス「よってんか」の職員になる。職と住が一緒になり、池谷は〝北芝の人〟になった。

住居だけではなく、仕事においても北芝に引き入れたのは、丸岡である。「どんな年齢のムラの人にも臆せず、グイグイ話しかけていくやろ。ああいう人間は他にはおらんと思った」と丸岡はその理由を語る。事務能力が高いのも、同僚に迎えたい要件だった。

プノンペンのスラムから大阪の被差別部落へ――。海外での支援活動を目指していたが、いつの間にか日本の部落で所帯持ちになっていた。「ミイラ取りがミイラになった」と笑う。次女も生まれ、新天地で家族が増えた。幸福なミイラ取りであった。

†転居者ならではの役割

池谷は二〇〇七年（平成一九）に、支部の執行委員に就任している。市営団地に入居した時点で支部員になっていたが、部落出身でない〝入り人〟（非部落民の来住者）が執行委員になるのは珍しい。

「部落解放運動って、ムラの人が中心にやるべきだと思ってた。けど、そうじゃなくて全然ええやんって変わったのは、執行委員になったころです。解放運動は生活当事者の誰がやってもいい話じゃないですか。部落問題って、基本的には部落以外の人の問題ですよね。だとしたら僕みたいな人間がやるほうが本当は普通だし、そっちじゃないといけないと思う」

そう考えるようになったのは、周辺住民の視線を感じたからだった。

「子どもが五歳くらいのころ、幼稚園で知り合った親は、僕のことを北芝の人だと思ってた。当時はもう家賃は周辺地域と変わらなかったんだけど、『家賃が安くていいね。一〇〇〇円なんでしょ』とか言われましたからね。『東京の部落から派遣されてるんでしょ』って言われたこともあります。そういうふうに思ってるんや、なんか気持ち悪いなって思った。そういう人に説明するのは、(来住者である)僕じゃないといけないと思った。井上さんとか丸岡さんは、今までムラの人とそうじゃない人の壁を取り除こうとしてきたけど、その中間の部分をつくってつながっていかなあかんということをよく言われてた。僕はまさにその中間にいると思ってたから、外の人たちとつながるのは、僕の方が立場上はあるんじゃないかって感じてます」

井上や丸岡が設計した中間部分に、池谷がいる。

「今（取材時の二〇一五年）は下の子が小六で、僕が小学校のＰＴＡの会長をやってますが、子どもが小一のときは副会長をしてました。当時、部落問題とかかわっていなかったお母さんたちが、いま北芝がやってる社会活動を一緒にやろうって言ってくれるし、この問題を理解してくれてます。仲間は増えてますよ」

池谷の場合、かなり北芝寄りの中間部分である。

海外で活動をするなら、国内の問題を知っておいたほうがいいとアドバイスした建築家の寺川は、北芝の住民となった池谷や、自分自身の変化を見て、考え方が変わったという。

「僕は彼に言ったことがあるんですよ。『街づくりを全部やってしまうと、住民はこの人ならやってくれる、任せたらいいというふうに依存される。そこからいなくなることを前提に、どうかかわるかを考えとかなあかんで』って。そのころは、街づくりの専門家は、よそ者の視点で、客観的に街を見てどうするかを考えるのが役割だと思ってたんです。

僕も二〇年近く（部落に）かかわってますが、今は彼らと一緒に専門家も変わることが大事かなと思い始めてる。そういうことを経験したのは、北芝とか（他の部落の）人権の街づくりにかかわったからという気がするんですよ」

四〇歳を過ぎた池谷は現在、暮らしづくりネットワークの事務局長を務め、北芝の街づくりには欠かせない存在になっている。その一方で、二〇一三年（平成二五）には、暮らしづくりネットワークの活動の一環として、アフリカ・ウガンダに三カ月間滞在し、スラムの改善事業にもたずさわった。

「家族の生活拠点は北芝でいいと思うんですけど、海外で活動したいという気は今もあります。あと三年以内には出たい。ここで得たノウハウをいろんなところに伝えていく役割があると思ってます」

どうやら池谷の職場は、北芝だけではないようだ。

†地域を支える役割を

池谷が北芝の住民になって一〇年が過ぎるころ、地域活動の中核組織・暮らしづくりネットワークが、大きな事業を請け負うことになった。

二〇一〇年（平成二二）には、らいとぴあ21の指定管理を受けることが決定し、翌年には、内閣府の「パーソナル・サポート・サービス」事業を展開する。「様々な生活上の困難に直面している方に対し、個別的・継続的・包括的に支援を実施する」（内閣府ホームページ）事業で、全国各地のＮＰＯ法人が応募する中、暮らしづくりネットワークが選ばれた。池谷が街づくり活動の仲間から事業の存在を聞き、すぐに申請の準備にとりかかった。広いネットワークに加え、迅速な事務能力がなければ事業は獲得できなかったであろう。事業予算は当初は国だけが支出していたが、現在は箕面市も相応に負担している。

サポートする対象は、箕面市全域である。市民からの相談内容は、家庭内暴力、ネグレクト、就労、進学、ひきこもり、生活保護など、ありとあらゆる問題にわたる。これらを、暮らしづくりネットワークの九人のスタッフが対応している。

なぜ、北芝のＮＰＯが、内閣府のプロジェクトに参画することができたのか。池谷が解説する。

「パーソナル・サポートは、生活困窮者に対して、相談員が寄り添って、その人をしんどいところから引っ張り上げる仕事なんですよ。それって、ムラのリーダーたちがやってきたことじゃないですか。丸岡さんとか支部の幹部は、住民から相談があったら、すぐに家まで行って、たとえば相手がアルコール依存症の人やったら、本人を説得したり保健師を連れてきたりして入院させてた。そういうことを昔からちゃんとやってたわけです。部落解放運動が社会に広がっていくためにも、国の制度に運動の良さを乗せないとあかん。そういう意味で、パーソナル・サポートが、北芝とマッチしましたね」

あらゆる社会問題を抱えていた部落だからこそ、それを克服すべく生まれた部落解放運動が、部落以外でも役立つはず――。北芝の部落解放運動は、単に部落の中だけにとどまらない広範な取り組みを始めた。

パーソナル・サポート事業が開始されるころ、北芝の試みに賛同する若者たちが、次々と集まってきた。彼らはなぜ北芝に来たのか？　彼らの目に映った北芝は？　以下は北芝に参集した若者たちの群像である。

†北芝に入る若者たち

二〇一一年（平成二三）一月。北海道在住の宮武由紀子は、ＪＲ札幌駅構内にある喫茶店で、出張中の池谷と面談していた。宮武は北芝の取り組みを関西の友人から聞き、興味を持っていた。パーソナル・サポート事業の説明を聞きながら、宮武は「私がやりたかったことは、これや！」と直感的に思った。

宮武は一九七九年（昭和五四）に大阪で生まれ、奈良で育った。高校在学中に交換留学生として一年間、デンマークに滞在する。この経験が宮武の人生を左右した。同級生が、性の問題や自分の体について、ざっくばらんに語るのを聞いてショックを受けた。

「私は同じくらい生きてるのに、なぜ、そういう情報を教えてもらってないんだろうという疑問をもったんです。それから、性のこと、性感染症のこととかを自分で調べたり、当事者に会いに行ったりした。語りにくいことを語ることはやっぱり大事だなと思いました」

立命館大学産業社会学部を卒業後、環境や人権問題に積極的に取り組む、外資系の化粧品会社に就職した。ところが会社のキャンペーンで、顧客にエイズや環境問題を伝えるとき、自分が現場に行っていなかったり、当事者に接していなかったりしたことに後ろめたさを感じた。よく知らないことを人に伝えてええんやろか――悩んだ宮武は、四年半いた会社を退職する。

同じころに結婚し、夫の転勤先の北海道に移住した。新天地で、以前から関心を持ち続けていたＨＩＶ感染者の支援を続けるＮＰＯ活動に参加した。学校の授業で性教育について話をしたり、一〇代の若者たちの妊娠や性感染症の相談に乗ったりしているうち、ソーシャルワークの重要性に気付いた。

「自分ひとりでは解決できないから、力がある人に頼りながら、どうやって当事者を支えていけるかを考えてました。ただ、どこかで足場を固めてやらないと広がらない。やるなら地元しかないと思った」

北海道で離婚し、「自分のルーツ」であり「足場」でもある関西に帰ることを模索していた。タイミングよく関西の知り合いから、北芝のパーソナル・サポート事業の取り組みを聞いて興味を持ち、冒頭の池谷との会談にいたる。

✝部落差別のしわ寄せは若者にも

新規事業の開始で人材を求めていた暮らしづくりネットワークで働くことが決まり、二〇一一年（平成二三）春、宮武は北芝にあるマンションに引越した。さっそく地元の歓迎を受ける。

「（丸岡）康一さん、弟の和之さんとかが、フレンドリーに話しかけてくれた。『よう来たなあ』『どこにおったんや?』『どこの子や?』みたいな話があって、『今度、焼肉に来いや！』って誘われた。焼肉屋に行くんかと思ったら、家のガレージやった（笑）。近所のおっちゃんが、近所の子を誘うみたいな感じで、なんか懐かしい感じがしました」

働き始めて、北芝らしさを感じることがあった。

「相談員だから何でもせなあかんとか、えらくないとあかんみたいなことは、あんまり感じなくていいというのが、やり始めてわかりました。わからへん問題は、みんなで一緒に考えようかとか、できひんことは人に頼ったらええやんという雰囲気がある。最初はだいぶ構えてたのが、だんだんいい意味で力が抜けていったのは、北芝独特の雰囲気があったからかなあ」

相談を通じ、宮武が感じる北芝独自の問題とは何なのか。

「経済的にしんどかったので、年金を払ってなかったという人がけっこういます。中には年金制度というものをまったく知る機会がなかったという人もおられました。知ってたけど、書面を読み取る能力がなかったとか、助けてくれる人がおらんかったので、それが何十年も続いたという人もいた。情報とか知識みたいなものからすごく遠かった人が多かったのかな。無年金の人が多いというのは、北芝独特の問題なんかなという気がします」

さまざまな理由から、年金を受けていない高齢者は、どこにもいる。ただ部落は、差別と貧困やそれにともなう不就学などによって、無年金者が集中しているところに特徴がある。

部落差別のしわ寄せは、高齢者だけにあるわけではない。宮武は若年層の抱える問題も感じている。

「汚れた服を着てる、いつもお腹をすかせてるという家族を調べたら、その親もネグレクト（育児放棄）を受けてて、ちゃんと育ててもらってなかった。親の親（祖父母）も同じで、世代間で連鎖してる。

一〇代は、何をしてもどうせ出来ない、無理やろうと思ってる子が多いというのは感じます。保育士になりたいという高校生がいた。いろんな情報を与えたり手順を教えたりしたんですけど『どうせ無理やし』みたいなことを言ったりする。諦めるのが早い。高校が嫌でも、粘ったら一応高卒になるし、嫌でもええから行っといたらええのにと思うけど、ああ、やめちゃったんやなみたいな。そこで踏ん張れない。基礎学力とか家庭の経済力とか、いろんな事情があるとは思うんですけど……」

同対事業によって手厚い保護を受けてきた子どもたちが、成長しても困難に立ち向かえないことに気付き、北芝支部が事業の見直しに着手したことは前に述べた。同対事業が終了して二〇年近くが経つが、いまだに自立できない部落の現実がある。

〝負〟の遺産はあるが〝正〟のそれを感じることもあるという。

「北芝は、人をどう支えるかを本気で考えてきたんやろなって思うんですよね。差別されても、何とか自立したい、夢をかなえたいっていう人をいっぱい見てきたやろうから、人を支えていくことを真剣に考えてる人がいる。いろんな組織と仕事をしますが、実はそこまで考える人に出会える確率は低くて、そういうエッセンスを感じながらやらせてもらえるのは、北芝の解放運動があったからかなと思いますね。小手先じゃなくて、ちゃんと考えてるなって。騙されてるって言われるかもしれませんけど（笑）」

北芝で働くようになってから、宮武は自分の親と部落問題についてじっくり話せるようになった。実は宮武は、親との関係において、部落問題が大きなネックになっていた。北芝で働くことが決まり、実家の母親に報告すると「お父さんにあんまり詳しく言わんときや」と忠告された。「おー、来た！」と思った。宮武は北芝と縁を持ったのを機に、自分の考えていることを母親に伝えた。北芝に住み、働いていることで自分が差別されたり不利益をこうむることがあっても、それは自分が決めたことなので心配は要らないこと、いろんなマイノリティ・当事者にかかわることができて幸せであること……。

北芝で働く意味を母親に語りながら、宮武は部落問題に対する自分の思いを初めて打ち明けている。宮武が子どものころ、母親に「川から向こうは、行ったらあかんで」と言われた。「川から向こう」は部落を指していた。その発言に宮武は、違和感があったこと。従姉が部落出身者と結婚した際、従姉側の親戚が出席しなかったが、それはおかしいと思っていたこと……。

母親は娘の話を黙って聞いていた。宮武は長い間、心の中でつかえていたことを伝えることができたことが嬉しかった。母親は、激しかった部落解放運動にマイナスイメージを持っていた。後に宮武は、母親を北芝に連れて行き、過激な運動だけでは語れない部落があることを体感させる。

「詳しく言わんときや」と母親に忠告された父親にも伝えた。エリート会社員から失業者に職業を斡旋する公的な仕事に就いていた父親は、マイノリティにかかわる仕事をしている娘に理解を示し、「そういう仕事も必要やな」とポツリと言った。

「北芝に来て初めて、親と自分のしてる仕事の意味とか、北芝にいることとかを話せたのはすごく良かったなと思ってます」

北芝の解放運動は、親子の距離を縮める触媒の役割を果たしていた。

†自分は何者かを問い続けて

他府県の部落で生まれ育ち、北芝にたどりついた出身者がいる。和歌山県出身の坂東《ばんどう》希《のぞみ》は、和歌山県立医科大学で部落解放運動に参加していた父親と、労働組合運動をしていた看護師の母親との間に、一九七八年（昭和五三）に生まれた。両親は、親交があった青年が住むムラに移り住み、そこで坂東が生まれた。両親とも部落出身者ではない。

坂東は地域の解放子ども会に所属し、ムラの子として育った。だが「活動家の娘」「医者の娘」として発言を求められることに、型にはめられているような気がしていた。高一のとき、父親の姉が住むアメリカ・ミネソタ州の高校に自ら希望し、一年間留学した。アメリカに行きたかった、留学したかったというよりも、部落や運動から距離を置きたかった。

日本の高校を卒業し、東京外国語大学でビルマ語を専攻していた一年生のとき、部落解放同盟が主催する部落解放全国青年集会に参加し、六本木にあった反差別国際運動（ＩＭＡＤＲ）日本委員会に勤める部落出身の熊本理抄《りさ》と出会う。

熊本はカナダに留学した後、ＩＭＡＤＲに就職し、国内外のマイノリティと部落の交流を進める事業にたずさわっていた。その活動に惹かれた坂東は、在学中はパートタイマーとして、卒業後は職員として事業に参加した。

「全然知らなかった差別がいっぱいあって、ものすごく勉強になった。部落の人たちが持ってる政治力を違う視点で見ることもできました。ＩＭＡＤＲに入ったときに『なんでこの仕事をするようになったの？』って聞かれて、『部落出身なんです』って答える機会が増えた。でも、海外のマイノリティが部落を視察するときに、同僚から『和歌山の部落出身だけど、部落民じゃないんです』って紹介されることが多かったんです。『（坂東が）部落出身というのは、嘘や』と言われたこともあります。部落民って自分がどう考えるかじゃなくて、人がどう思っているかということもあるのかなって、あの時期はすごく考えましたね。

人前で話すときも、両親が部落出身じゃないっていう話をするかどうかで、聞く人の反応が全然違う。両親の話を出すと、自分は部落民じゃないってことを言いたいんじゃないかって思われたりして。自分を説明するのは、なかなか難しいなと思いました」

血縁的には部落民ではないが、部落で生まれ育っている。自分は何者なのだろうという問いを抱えたまま仕事を続けた。年齢を重ねるにつれ、違う世界を見てみたい、部落問題から離れてみたいという思いがつのり、六年間いたＩＭＡＤＲを退職した。

在職中は、マイノリティと呼ばれる人々の一人ひとりの顔が見えていないのではないかという思いがあった。

「マイノリティとして集団の権利はあるけど、個々人がどう生きたいのか、何を選択するのかが見えなかった。たとえば部落民が出自を隠すのか、在日コリアンが本名を名乗るのか。個々の葛藤を知らないで政府に政策提言するとか、こういう法律が必要だとか主張することが、どこか虚しかった。自分がマイノリティのリアリティを知らないでやってるという感じがすごくあって、そういう人たちのところに行きたい、そのための勉強をしたいと思った」

マイノリティの現実を知らない自分を自覚し、当事者のもとへ行きたいと考えるあたりは、前出の宮武由紀子と似ている。

†運動とのちょうどよい距離感

坂東はリアリティの現場を臨床心理学に求めた。目指すのはマイノリティを対象にしたカウンセラーである。自分がやりたい学問に近いのが、犯罪者のカウンセリングや更生にたずさわる非行臨床心理学だった。大阪大学に第一人者がいることを知り、坂東は二〇〇九年（平成二一）に、阪大の大学院に進学する。

院生になって、受刑者と会話する機会があった。自分が部落出身者であることを打ち明けると、「僕もそうなんです」と話してくれる者が多いのに驚いた。「今まで誰にも話せなかったことが言えてよかった」と喜ぶ受刑者もいた。

研究生活を始めて間もなく、坂東は再び部落に引き寄せられることになる。IMADRの先輩の熊本は、坂東と入れ替わりに退職し、大阪府東大阪市にある近畿大学の教壇に立っていた。大阪で熊本と再会したとき「いま、北芝が面白い」という話になった。坂東にとって北芝は、聞いたことがあるかな、という程度の認識だった。よくよく聞いてみると住んでいる場所から自転車で一〇数分の距離ではないか。イベントに参加してみると、そこはまさに解放区であった。朝市や映画上映会、週一日だけのバーに通うまでに時間はかからなかった。暮らしづくりネットワークのスタッフとも言葉を交わすようになる。

「大学院の修士課程が終わったらどうするん?」

事務局長の池谷に声をかけられ、未定であることを告げた。

「四月からパーソナル・サポートって事業を始めるんやけど、やらへん?」

部落問題からいったん離れるつもりだったが、事業の内容を聞くと、自分が思い描いていた仕事に近い。

「やりたいことが来た! って思いましたね」

池谷から誘われたあと、他の自治体が同じような事業を始めようとしていた。坂東にも参加の打診があった。池谷に相談すると「あかん、あかん、行ったらあかん」と一蹴された。池谷にしてみれば、逸材と見込んで話を進めていたのに、逃げられてはたまらない。

二〇一一年（平成二三）に、博士課程に進むと同時に、暮らしづくりネットワークのスタッフとして、フルタイムで働き始める。職場としての北芝は、坂東にとって悪くなかった。

「ついつい和歌山の地元と比べてしまうんですけど、最初の印象は、〝いい距離感〟なんですよ。部落に一回足を踏み入れたら、とことんまで入らないと許さないというイメージがあるけど、北芝にはあんまりそれがないような気がする。来る者拒まず、去る者追わずって言い切れるかどうかはわからないけど、とにかく出入りが気軽って感じかな。入りやすさはあるなって思います。

和歌山の地元の人から、『いい加減帰ってこい』って言われることがあるんですけど、帰ったら（部落解放運動に）どっぷり、という気がする。故郷に帰ることと運動がセットになってる。北芝にはあんまりそういう感じはないんですよ」

暮らしづくりネットワークの創始者のひとり、井上勉の「出入り自由」の発想は、組織に浸透していた。

坂東が見た北芝の問題は、コミュニティ内での孤立であった。

「支援につながりにくい人は、圧倒的にムラの人の方が多い。引きこもりも、家の中の恥を外にさらしたくないという意識が強い。ムラの中で噂になるかもしれないと思うから、警戒心が強いのかもしれない。本当に孤立している人の家に入るのは、すごく難しい。役所や支援者に対する拒否感は部落以外でもあるんだけど、つながりにくさということでは、ムラは緊張の度合いが違う。まあ、ムラの中で、引きこもりがいることを知ってる人がいて、この人の話は聞くという関係があるから救われているところもあるんですけど」

ムラ特有の問題にハッとすることがある。同時にムラのようにつながりがない来住者の孤立も問題だという。「地域の活動に参加するつもりもないし、相談も必要ないという人に対して、どんなかかわりができるのか。これが悩ましいんです」と坂東は語る。

北芝の強みは、街づくりと支援が一体になっているところだという。

「この前、オープンした510deli《ごっとうデリ》は、コンテナで惣菜を売ってるんですけど、いままで来なかった人たちが、娘の弁当を買いにきておしゃべりしたりとか、これまでにない動きが出てきた。そういう仕掛けをつくるところが、北芝の面白いところかな。

街づくりの活動をやってない地域でパーソナル・サポートをやるとすれば、就労相談を受けても選択肢を提示できない。たとえばカフェをやってみよかとか。その意味で街づくりが土台にあるのは大きいと思います」

被差別の歴史と運動があったからこそ、他地域と違った街づくりがある。

現在、坂東は暮らしづくりネットワークで働きながら、大学院の博士課程に在籍している。さらに、犯罪者の出所後をサポートする大阪府の社会復帰支援員を務めるほか、家庭に問題があったり、非行傾向にある小中学生らと話し合いをする活動にも参加している。

「暮らしづくりネットワークは、自分がやりたいことを実現する場に使ってほしいということで、ダブルワークがオッケーなんですよ。だから大学院をやめずに、犯罪とか非行のこともやれてる。自分の働き方に合ってます。いろんなことができるので、居心地はいいですね」

以前はマイノリティの一人ひとりの顔が見えなかったが、現在は、くっきりと像を結んでいる。部落から距離を置きたかった坂東だが、北芝と出会うことで、自分のしたかったことができている。

北芝は、まことに不思議な共同体である。

†世代交代のはじまり

北芝の部落解放運動を担ってきた前田功、丸岡康一、井上勉は、今や六〇歳を過ぎた。前田は啓発団体の代表、井上はフリーの立場で暮らしづくりネットワークにかかわり、丸岡は街づくり関連会社を設立し、代表社員に就いている。

三人が幹部を務めた北芝支部の支部長は、彼らの息子・娘世代で、現在三五歳の中嶋三四郎が務めている。

中嶋は北芝出身の父親（故人）と京都生まれで部落出身ではない母親との間に、一九八一年（昭和五六）に生まれた。育ったのは北芝の近くで、部落ではない。

父親はかつては北芝支部にも所属し、部落問題を自分なりに考え続けた人であった。結婚する際、母親に自分の出自が言えなかった。結婚後、ようやく打ち明けることができ、理解を得たものの、母親の両親には伝えていなかった。そのことが引っかかっていた父親は、言う機会を探していた。

父親が母親の実家でテレビを見ていたとき、たまたま部落解放運動関係の集会が映し出された。義父は「こいつら見てみい。まだこんなことやっとるわ」とつぶやいた。その言葉を聞き、父親は自分が部落出身であることを義父が亡くなるまで言えなかった。隠すことのもどかしさが身にしみていたので、父親はわが子には自分の轍を踏ませたくなかった。

中嶋は父親の教育方針で、ゼロ歳から北芝の保育所に入所し、小学校時代は解放子ども会に通った。生粋の北芝っ子として育ったが、中学以降は、足が遠のいていた。父親は同和対策事業には否定的だったので、中嶋は奨学金を受給していない。

建築関係の専門学校に在学中、知人の紹介で北芝にある青少年会館で指導員のアルバイトをすることになった。久しぶりに北芝におもむくと、地域内の諸施設がリニューアルされ、通っていた解放子ども会はなくなっていた。それだけ北芝から遠ざかっていたことに気付いた。

そのころに交わした専門学校の同級生との会話が、中嶋の意識を北芝に向かわせることになる。

「友達同士で、それぞれの地元の話になったとき、自分は北芝のことをよう知らんなあと思った。説明するのがわずらわしいというのもあった。そのタイミングで（指導員のアルバイトの）声をかけてもらって、戻ってみたいなと。戻ってきたら、なんとなく居心地がよかったんですね。空気とか雰囲気とか。そういう環境を自分が求めていたのかもしれないんですけど。それから北芝は面白い地域やなと思うようになりました」

誘われるまま消防団に入り、活動に参加した。団員には同級生の父親や小中学校の先輩がいて、次第に北芝のコミュニティに溶け込むようになった。

同じころ、国交省のプロジェクト・ゆめ工房に参加したり、支部の事務関係のアルバイトを始めたりした。中嶋は二〇歳を過ぎたばかりだったが、このとき初めて部落解放運動に接する。何しろ北芝の他にも解放同盟の支部があるのを知らなかったというのだから、正真正銘の〝井の中の蛙〟であった。

二年間のアルバイトを経て、二〇〇三年（平成一五）に、暮らしづくりネットワークに就職する。青少年会館で指導員のアルバイトをしていた時点で支部員になり、数年で執行委員、そして書記次長に就任した。二〇〇八年（平成二〇）には書記長の重職に就く。

「運動で肩書きがついていくのは、あまり好きではなかった。けど、部落問題や解放運動のことを知るのは、今まで自分の中ではまったくないものだったので面白かった。楽しかったですね」

中嶋はそう振り返る。書記長に就任した年には二七歳で市議選に出馬し、当選している。地元の市会議員もまた、世代交代が焦眉の課題であった。それにしてもなぜ、中嶋だったのか？

「僕とか池谷は、丸岡さんか井上さんか、どっちかが出てくれたらいいと思ってた。僕と池谷が、どっちかに話をつけようと言うてた。実はその裏では、池谷が丸岡さんに説得されて、僕を出すという約束をしてた。そう、裏切りの構図です（笑）。丸岡さんを口説こうとしたら逆に『お前が出たらどうや』と言われた。丸岡さんに言われたら断れなかった。丸岡さんは当時、市役所に勤めてたし、僕は落ちてもＮＰＯの職員やから、リスクが少ない。戻ってきたら済むだけです。それに丸岡さんは、若い世代を市議に出さなあかんと考えてましたから」

そもそも中嶋は、市会議員になりたいと思ったことは一度もない。茫洋とした性格で、権力志向がまったくない人物である。丸岡や井上は世代交代を考えていたので「自分が」とは考えなかった。中嶋が腹をくくるしかなかった。選挙も議員活動も、何もかもが初めての経験だった。

「市議になるのも大変でしたけど、なったあとも大変でした。とりあえず市議にならなあかんというのは決意して、みんなに助けてもらっていい結果が出たけど、当選した次の日に、はたと考えた。なることは考えたけど、なったあとのことは考えてなかった。どうしてええか、誰も教えてくれない。

今は子育てや教育、医療、福祉しか僕の頭の中にはない。解放運動の中で大事にしてきた、あるいは実際にやってきたことをどうやって続けられるかを考えてます。そこにしがみついてやるしかないという感じ。今は市の仕組みもわかってきたので、やりがいはあるし、(議員活動は)面白いなと思ってます」

†差別をなくして北芝を残したい

二〇一〇年(平成二二)に支部長に就任した中嶋は、部落問題をより多くの人に理解してもらうことが責務になった。ところが新支部長がとったある行動が、大きな波紋を呼ぶことになる。中嶋が回想する。

「四、五年前に、萱野小学校の六年生の総合学習で、市会議員としてしゃべる機会があった。その中で部落問題について言ってくれというオファーがあった。『今でも差別されてる地域がある。僕が生まれたのが、そういうところです。それは北芝のことです』と言ったんです。僕の中では、それは全然言ってもいいことだし、むしろ言わないといけないことだった。子どもたちも別に変な反応をしたわけでもなかった。ところがあとで学校でそれが問題になったみたいです。先生たちから『そんなことを言ってくれと頼んでない。爆弾を落としに来たんか』みたいなことを言われました」

学校側と中嶋との間で、授業で何をどこまで話すかについて、入念な打ち合わせがおこなわれていなかったのが騒動の原因である。では中嶋は、授業で何を伝えたかったのか？

「学校で部落問題を教えるときに、どうしても歴史の話から入る。エタ・非人という身分の人がいました。それが現在にもつながってますという話はするんですが、〝かわいそうな人〟みたいなイメージしか発信されないので、それがすごく嫌だった。今もそういう地域があって、そこで暮らしてる人がいるんだよということを言わないと意味がないと思ってました」

「どこ」と「だれ」を明らかにしてこそ部落問題は伝わるというのが、中嶋の信念である。現在もその姿勢は変わっていない。

「僕が学校に行ってしゃべったら、その話はすると先生も諦めてます（笑）。そもそも隠す意味がわからない。差別をなくしたいんであって、北芝をなくしたいわけじゃないから。そこがちゃんと伝わらないのは嫌やなと」

北芝の存在を消すことはできないし、その必要もないというのが、中嶋の考えである。

同対事業は、基本的には部落住民のための施策であるが、二〇〇二年（平成一四）に事業が終了したため、さまざまな問題が浮上した。

「五、六年前に、北芝にある市営住宅の入居者を募集するときに、支部は市と交渉して、ここは被差別部落で、これは同和対策で建てた団地やという文言を入れてもらうよう要望したんです。ところが大阪府の建設局の職員が来て、その文言は消してくれと。北芝イコール部落というのは、出したらダメなんです、と言うわけです。府が指導して、府内のすべての市営住宅でそういう文言を入れないように、という指導をしてるようです。

僕は池谷と二人で言いました。『なんで隠さなあかんのですか。歴史的な事実やねんから、書いても問題ないやないですか。隠してどうすんねん。うちは街づくりをやってるから、入ってくる人に、そういう歴史があることを理解してもらって、今の活動に参加してもらうというのを目指してる。行政は何を目指してるんですか』と。行政は自分らの都合のいいことは任せるけど、僕らがやりたいことはさせない、勝手に決めるみたいな感じを受けます。議員になってそれは痛感しましたね」

同対法が終了し、何もかもなかったことにしたい行政の姿勢を象徴するエピソードである。すったもんだの末、市営住宅の募集には、北芝の歴史が明記された。中嶋や池谷が抗議をしなければ、北芝の独自の街づくりの足跡が〝なかったこと〟になっていた。

北芝が部落であることを隠さないという中嶋の考えは、街づくりに加え、差別の現実からきている。

「僕らの世代は、結婚とかで悩んでいて、集まるとそんな話になる。どうしていいかわからない。ずっと問題を抱えたままいる。結婚を諦めた子もいる。下の世代でも結婚を反対されたというのが、ここ数年は続いてる。差別は根深いなって思います。反対の理由が、もはや意味不明というか、それか？　みたいな。知り合いのお父さんが部落の人から嫌がらせを受けたとか。あそこは幽霊が出るという都市伝説と変わらない。それを真に受けて普通に差別するんやみたいなんが、すごい不思議。そういう話を聞けば聞くほど隠されへんと思う。たとえ隠しても差別されるんだったら、むしろ隠さんほうが差別されないんちゃうかと思います」

隠す隠さないは、個人の選択事項である。だが、部落出身であることを言わなければならない場面がある。たとえば結婚である。いったん隠せたとしても、暴露されて破局ということにもなりかねない。

中嶋も二〇〇六年（平成一八）に治子と結婚する際、彼女の両親に会って、ドキドキしながら次のように切り出した。

「僕は部落の出身です。そこで議員の仕事をしていて、部落解放運動をしてます」

母親は「そんなん、関係ないよ」と返した。かつては部落出身者との結婚がタブーであったことを考えると、悪くない答えである。ところがその反応に対して治子が怒った。

「何が関係ないねん！　これから関係をつくっていくんや！」

両親が言った「関係ない」は、見方によれば他人事と捉えられないこともない。関係をつくっていった結果、当事者になることもある。事実、後にふたりは北芝に住み、ふたりの子どもを授かっている。家族全員が北芝の住民で、治子と子どもは新たに当事者になったと言える。

それにしても、両親の「関係ないよ」に合格点を与えなかった治子の部落問題とのかかわり方は、感嘆に値する。

治子は結婚前に朝鮮の太鼓・チャンゴを学びに、らいとぴあ21に出入りしていたとき、北芝が部落であることを知った。在日コリアンでも部落出身者でもないことに、どこか負い目を感じていたという。結婚後は北芝の近辺に住んでいたが、夫婦で話し合い、北芝に住むことにした。「北芝に住まないのは、逃げてるように思ったから」と治子は語る。

治子の考え方は、夫の中嶋にも大きな影響を与えているのではないか——。そう考えたのは、私が彼に支部長として今後の北芝の部落解放運動はどうあるべきかを尋ねたときだった。中嶋はこう言った。

「部落差別はいつかはなくなるかもしれない。けど、すぐになくなるのは難しいと思ってます。差別があっても、その人が豊かに生きていければ、それはそれで今の時点での目指すべき姿ではないか、と思うんです。どんな差別問題も、当事者になりたい、なっていこうとする努力をし続けないといけないのかなと。被差別部落の若者を見てると自分自身のルーツにも、それ以外の差別問題にも向き合えてない。そんな気がする。差別があってもその人が豊かに生きていくためには、自分から向き合っていくということがないと難しいんじゃないかな」

当事者になっていこうとする努力を怠らなかったのは、中嶋の妻・治子に他ならない。

†被差別部落と太鼓の物語

二〇一五年（平成二七）七月初旬。イギリス南部の乾いた空気に、和太鼓の音が響き渡った。

エクスター大学のキャンパス内にあるホールでは「11th UK TAIKO FESTIVAL」が開かれていた。太鼓は今やそのままローマ字表記されるほど、ヨーロッパでは人気の楽器である。今回も欧米各地からプロ、アマの和太鼓奏者が参集し、演奏した。日本からは、大阪府内にある六つの被差別部落の太鼓グループから選抜された一六人が招かれ、見事なバチさばきを披露した。

その中に、北芝の太鼓グループ「鼓吹《こぶき》」のリーダー、丸岡朋樹《ともき》がいた。北芝支部の幹部を歴任した丸岡康一の次男である。この日は朋樹が作曲した作品も演奏された。日本での最終リハーサルではうまく合わなかった朋樹ともう一人のメンバーによる掛け合いの早打ちは、本番では完璧に仕上がっていた。

演奏終了後、四〇〇人余りの観客は、スタンディングオベーションで彼らの熱演を讃えた。かくして日本の被差別部落の和太鼓グループが、ヨーロッパでデビューを果たしたのだった。

朋樹は、一九八五年(昭和六〇)に北芝で生まれた。北芝で生まれたことが、後に彼をイギリスに導くことになるが、そこにいたるまでには、被差別部落と太鼓の長い物語がある。

時は八〇年代半ばに遡る。沖縄の太鼓集団「残波大獅子太鼓《ざんぱうふじし》」の主宰者が、大阪市浪速区にある太鼓屋を訪れた。太鼓づくりは昔から、賤民身分が担ってきたため、現在も被差別部落で生産されることが多い。

主宰者が地元の関係者に、部落の太鼓演奏グループの存在を問うと「ここでは太鼓はつくっているけど、叩く者はいない」との答えが返ってきた。「なぜ、つくるだけ？」という主宰者の疑問を、地元の部落の人々も思った。

残波大獅子太鼓の公演を聴いた若者たちが、自分たちも演奏したいと声を挙げ、部落解放同盟浪速支部の支援により、一九八七年（昭和六二）に和太鼓グループ「怒《いかり》」が産声をあげる。プロの太鼓奏者が指導に入ることで、演奏技術は次第に向上していった。「怒」の結成と活躍をきっかけにして、被差別部落に太鼓グループが次々と設立されていった。

一九八九年（昭和六四）に、残波大獅子太鼓が箕面で公演し、北芝の施設で宿泊した。やがて北芝の子どもを中心にした太鼓愛好グループが結成される。一九九五年（平成七）には、北芝支部が支援し「太鼓保存会準備会」が発足した。和太鼓三〇〇万円分を購入した上で、プロの演奏家に作曲と演奏の指導を依頼している。ちなみに一曲の作曲・指導料は、約二〇〇万円だった。安くない金額である。支部幹部は、将来にわたって北芝の文化財産になるという理由から、支出にゴーサインを出したのだった。

太鼓保存会準備会は、一九九六年（平成八）に「北芝解放太鼓保存会」として正式に発足した。後にチーム名が「鼓吹」に決まる。

八〇年代後半におこなわれた箕面市の教育実態調査に関して、北芝の子どもたちの学力と自尊心が著しく低かったことはすでに述べた。鼓吹の取り組みは、北芝の子どもたちの自尊心の育成を目指した。併せて周辺地域との交流を活発にするため、太鼓が好きなら誰でも参加できるようにした。

†大阪から沖縄へ

朋樹は準備会が結成される前年、小学三年生で太鼓を習い始めた。途中で挫折するメンバーは少なくないが、惹かれるものがあったのだろう、週四回の放課後の練習を欠かさず続けた。

中学二年生のときに、残波大獅子太鼓が箕面市内で公演した。その迫力に魅了された朋樹は、彼らと同じ舞台に立ちたいと思った。その思いを二年後に実現させる。

中学を卒業後、沖縄の公立高校に入学し、憧れの残波大獅子太鼓に加入した。一〇代半ばにして朋樹は、太鼓に対する熱意において人並み外れたものがあった。本土の大学生や成人が残波大獅子太鼓に加入することはあっても、本土の高校生が入ることは異例であった。

ちなみに当時、父親は、沖縄は反戦平和運動以外の目的で行くべきではないという「教条主義者」（丸岡）だった。本心では息子の沖縄行きには反対であったが、それとなく伝えるにとどまった。ただし、息子は、父親が気持ちよく送り出してくれたと今でも思っている。

沖縄に渡った朋樹は、まずは残波大獅子太鼓のエイサー団に入った。エイサーとは、太鼓を叩きながら踊るパフォーマンスである。残波大獅子太鼓は、本島南部の南城市《なんじょう》にあるテーマパーク「おきなわワールド」の常設舞台で、一日四回（一回二〇分）の公演をおこなっていた。高校生の朋樹は、この舞台で太鼓人生をスタートさせる。

エイサー団のメンバーは、全国各地から集まっていたが、朋樹が最年少だった。一五歳で親元を離れ、寂しくはなかったのだろうか。

「最初は厳しかったですよ。誰も知らないし、言葉もわからんし、異国に来たみたいな感じでした。でも、友達ができてからは、全然そんなことを感じなかったです」

新しい環境に適応する能力が備わっていたのであろう、ホームシックには一度もかからなかったという。

友人たちは、大阪からエイサーを学びに来ているのを知っていた。「なんで、大阪から？」と聞かれることがあったからである。だが、部落出身であることや部落解放運動の中から太鼓グループが結成され、自分もその叩き手のひとりであることは話さなかった。

「そういう話は一回もしたことないです。なぜなら、そういうふうに自分では受け止めてなかったから。自分の好きなことをやって、自分の好きなことを仕事にしようとしか思ってなかったから、解放運動とか、部落の誇りみたいなのは全然なかったですね。僕の話、役に立たないでしょ（笑）」

打ち明けるのに抵抗があったから、というわけではなかった。解放子ども会の活動に参加し、狭山事件のビデオを見て育った朋樹だったが、自分が惹かれた太鼓が、部落と解放運動の歴史を抜きにしては語れないことを意識することはあまりなかった。

太鼓の練習は厳しかった。高校三年の後半から、エイサー・棒術・獅子舞に加え、和太鼓の練習が許された。高校卒業後は、残波大獅子太鼓のメンバーとして、公演と練習に明け暮れる。

「卒業して一年くらいは、朝起きて練習して、公演に行って、また練習して、夜一二時くらいに帰ってくるという毎日でしたね。家は風呂に入って寝るだけの場所でした。練習だけの日があるんですけど、朝一〇時から夜一〇時まで、ずっと基本練習をやってました。昼の休憩は一時間だけで、それから夜一〇時までぶっ通し。晩飯は食わなかった。

夜の公演があるときは、カップラーメンとかを食べるんですけど、それが終われば、また基本練習を一〇時までやる。それで終わればいいんですけど、体育会系やから、そこから残ってまた練習する。休みの日の練習が、一番きつかったですね」

休日なので、どれだけ練習しても無給である。まさに太鼓漬けの日々だった。それだけの練習を積み重ねたので、プロの演奏者として必要なことは体がおぼえている。私はイギリス公演やその練習で何度も朋樹の演奏に接しているが、体の中心がぶれず、きれいに腕が振れていた。聴かせるのはもちろんのこと、見せるパフォーマンスであった。沖縄での厳しい鍛錬の賜物であろう。

ハードな練習と公演が続く中、週に一日だけ休日があったが、シフト制なので曜日が固定されていなかった。夜一〇時ごろ、スタッフに「明日休んでいいよ」と告げられることもあった。

「思ってたのとは全然違いましたね。こんなに大変やとも厳しいとも思ってませんでした」と当時を振り返る。おきなわワールドの常設舞台のほか、地元のホテルや海外でステージに立つこともあった。二〇歳の誕生日は、海外ツアーで訪れた米国・ロスアンジェルスで迎えている。

†〝第二の人生〟をふるさとで

沖縄での生活が七年を過ぎるころ、朋樹はある決断をする。グループ内の管理職的な立場にある人物とソリが合わず、残波大獅子太鼓を辞めることにしたのだ。沖縄を去る際には罪悪感があったという。

「地元（北芝）の人に、ものすごく応援してもらってた。父親《オトン》とか池谷もそう。支部の執行部の人とか、当時の鼓吹のメンバーもそう。沖縄に行くときは『頑張って行っておいで』って送り出してくれた。年に何回か北芝に帰ってきてたときは『よう帰ってきたな』と声をかけてくれて、一緒にご飯を食べさせてもらった。辞めたらこの人らの期待や応援を無駄にするんやなあと、初めて考えましたね」

辞めるに際して、応援してくれた人々の顔が浮かんだが、沖縄に居続けることは考えられなかった。朋樹は二二歳でふるさとに帰ってくる。

応援してくれた人を裏切ったという罪悪感があったので、バチは二度と握らないつもりだった。だが、地元の太鼓グループが放っておくわけがない。何しろ七年間もプロとして舞台に立ち続けてきた叩き手が、すぐ近くにいるわけである。グループの指導者が「裏切ったとか、応援にこたえられなかったとか、そんなことは考えんでもええ。頼むから北芝で教えてくれ」と言ってくれた。

「このときは嬉しかったですねえ。俺はまだ太鼓が叩けるんだと思ったこのときが、人生で一番嬉しかったことかもしれないですね」

〝人生で一番〟というところが、いかに太鼓が好きであったかを物語っている。人間関係が原因で沖縄を離れただけで、太鼓が嫌いになったわけではなかった。朋樹は再びバチを握り、太鼓グループ・鼓吹の中心奏者として演奏しながら、後進の指導にあたった。

帰郷後は、近くにある自動車工場で期間従業員として働いた。沖縄で一日一二時間の練習をこなしていた朋樹には、どんな労働もつらくはなかったが、夜勤が入ると夕方から始まる太鼓の練習に行けないのが悩みの種だった。中途半端なことが嫌いな性格である。結局、一年で期間従業員を辞め、太鼓中心の生活にシフトする。

辞めるのを見計らったように、市会議員の中嶋三四郎から、暮らしづくりネットワークでアルバイトをしないかと声をかけられた。二年間のアルバイトを経て、二〇一一年（平成二三）に正職員となる。暮らしづくりネットワークには、地元・北芝出身のメンバーが少ない。

「北芝の同級生は八人ですが、みんなムラは出てますね。彼らはムラとのかかわりは、ほとんどないです。仕事をちゃんとやってるのかさえわからない」と朋樹が語る。

部落から出て行く若者が多いのは、なにも北芝に限ったことではない。進学、就職、結婚などをきっかけにして、ふるさとを離れるケースがほとんどである。それだけに地元出身の朋樹は、貴重な存在と言えよう。現在は相談と教育事業にかかわっている。相談の中身は、引きこもり気味の若者の就労から、高齢者宅の電球交換や買い物代行、病院の送迎などさまざまだ。

朋樹は仕事を通じて、特段に部落問題を感じることはないという。そもそも、何をもって部落出身と言うのか、という疑問が先に立つ。入ってくる人、出ていく人、片親だけ、あるいは祖父母だけが部落の人……仕事に関して言えば、朋樹にとって部落問題がくっきりと見えてくることはなかった。

朋樹がかかわる教育事業は、らいとぴあ21の一室で、小学生を対象にした放課後のデイサービスや、子どもの居場所づくりプロジェクトである。毎日一〇人前後の障害児が来館し、健全児と同じプログラムに参加している。子どものデイサービスは箕面市内にいくつもあるが、障害児と健全児が同じ空間で過ごすのは、北芝だけである。ただ、北芝の子どもたちの参加が少ないという。

「なんでかわからないけど、寄りたがらないんですよね。もしかすると、親がここで育ってるんで、解放子ども会におったことと関係あるかもしれないですね。小学生の子どもを持つ北芝の親って、学校で部落民宣言をさせられてる年代なんですよ。そういう運動とか活動が嫌いっていう親が多いんじゃないかという気がするんですよね。デイサービスでやってることは、昔の解放子ども会とは同じではないんですけどね。親が考えてるイメージがある。地元の子どもをどうやって巻き込むかというのが課題のひとつではあります」

一章でも触れたが、朋樹が言う部落民宣言とは、教室などで級友に、自分が部落出身であることをカミングアウトする取り組みである。差別をなくすために、七〇年代以降、多くの学校で実施されてきた。ただ、部落の児童・生徒に、少なからぬ勇気と緊張を強いた。本来は部落問題解決の手段だったが、いつの間にか宣言すること自体が目的になっていった。九〇年代の前半には支部の方針で、学校での部落民宣言はおこなわれなくなった。

朋樹が推測するように、部落民宣言でのつらい経験が、わが子をらいとぴあ21から遠ざけているのであるとすれば、部落解放運動とは何であったのかと考え込まざるを得ない。ただ、部落民宣言を通して自分の立場を自覚するという意味はあった。問題は、少なくない出身者が、その立場をポジティブに考えられなかったことにあるのかもしれない。

†結婚式を挙げなかった理由

沖縄時代は、部落問題にさほど興味がなかった朋樹だが、ここ数年は、関心を持つようになった。自身と兄の結婚がきっかけである。朋樹が沖縄にいたころ、二歳違いの兄が、結婚差別を受けた。懐妊がわかると、相手の親をはさんで堕胎する、しないの騒ぎになった。

父親（丸岡康二）の説得で、その後、子供は授かったものの、結婚式は挙げなかった。相手側の親や親戚が参加することが考えられなかったからである。

「それまで僕は沖縄におったから、部落問題のことなんか考えたこともなかった。差別なんか、もうないんちゃうん？　っていうぐらいの感覚でしかなかったから、まだあんねんやと思ってびっくりしたんをおぼえてますね」

朋樹が兄の結婚問題をそう振り返る。

沖縄から北芝に帰って三年後、朋樹は交際していた雅美の親に、一緒に住みたい旨を電話で伝えた。将来は結婚することも考えていた。雅美の父親は「一緒に住むんだったら、結婚したらどうか」と言ってくれた。兄のこともあるので、朋樹が父親に相談すると「(部落出身であることを)一応言わなあかんやろ」とアドバイスされた。言われた通りに雅美の父親に出自を告げると「それは一番最初に言わないとあかんのと違うか」と以前のトーンとは違う反応が返ってきた。「これか!」と朋樹は思った。雲行きが怪しくなってきたので再び父親に相談すると、「俺からもちゃんと説明するから、会う場をセッティングしてくれ」と言われた。

後日、朋樹・雅美カップルと双方の両親が会う場を持ったが、雅美の母親は体調不良を理由に、会場の喫茶店には来なかった。カップルに不安がつのった。以下は朋樹の父親・康一の記憶による、父親同士のやりとりである。

康一「ふたりから一緒になりたいと聞いてます。僕らは反対することはありません。ぜひ結婚させてあげてくれたらと思います。」

父親「いやいや、ちょっと待ってください。私が結婚とか聞いたのは最近であって、まだこれからふたりがどんなかたちで付き合うのかわからないので、まずは今日はスタートになると思うんですよ」

康一「いや、ちょっと待ってください。そういう話をふたりがお父さんにしてますか？ふたりが結婚するということだったので、僕らがここに来させてもらったんですけどね。なにか不都合でもあるんでしょうか？」

父親「不都合というよりも、結婚したいというのは最近聞いたので、だからちょっと待ってほしいと……」

康一「結婚は両親の問題なんですかね。賛成できない何か大きな原因があるんやったら言うてください。何かありますか？」

父親「いえいえ、今日がスタートで……」

康一「今日がスタートという意味がわからないんです。ふたりが結婚したいと言うてる限り、僕は親として反対することは一切ありません。ふたりの意志を尊重します」

話は交わらなかった。康一には、相手が結婚を賛成しない理由はわかっていた。というよりも、そこにいた誰もがそれを感じていた。

喫茶店を出てから、康一は若いふたりに次のようにアドバイスした。

「気にせんでええ。こんなことは世の常や。これはふたりで克服していくしかないねんで。親を説得しようと思ても、なかなかできひん。敢えて『差別や』とか言わんとき。言うたらかたくなになるから。僕はあんたらよりは人生経験があるから、わかんねん。説得するよりも、自分らの生活を認めてもらうことから始めたらええねん。ふたりが幸せで、結婚してよかったと見せることが、結果的に賛成してくれるようになる。僕らは絶対に反対せえへんから」

朋樹は兄と同様、結婚式は挙げなかった。雅美の親や親戚が出席するとは思えなかったし、それでは雅美がつらい思いをすると考えたからである。現在も親同士の付き合いは、ほとんどない。だが、康一のアドバイス通りにはなった。朋樹が語る。

「義母《おかあさん》とは今は仲は悪くないんですよ。それはたぶん、孫ができたからだと思うんですけど。そのへん(部落問題)はしゃべったことがないですけどね」

朋樹にとって部落差別は、他人事ではない。だが、差別する側の心理が不思議でならないという。

「ここ(暮らしづくりネットワーク)は、差別はおかしい、間違ってる、北芝は面白いという感覚を持ってる人が働いてる。僕はそれが正しいと思うんやけど、そういう中にいると、部落差別をしてしまっている人の感覚がわからなくなる。ただ単に、なんでそういう感覚になったんやろなっていうのが知りたい。不思議ですね。面白い……面白がったらあかんのですけど、知りたいなっていうのはあります」

自分の人生にふと訪れた陰影に、不思議がりながらも関心を持ち始めている。

†父と息子の部落問題

朋樹のライフワークである太鼓が、部落と解放運動の歴史と密接に関係し、そこから叩き手が生まれてきたことは前に述べた。朋樹は北芝の太鼓グループ・鼓吹のリーダーだが、メンバーにそれを語ったことはない。

「そういう機会が今までなかった。でも、知ってると思います。しゃべる人はいっぱいいますから。自分が興味を持ったときに、知ってほしいというのが先にあるかなあ。それに僕が部落問題を語っても、薄いなあと思うんですよ。よく知らんし、自分がそんなに体験してるわけでもないし。聞いた話だけでしゃべるのは、伝わらんなと。

伝えることには違和感はないんですよ。でも太鼓は、部落差別はあかんということだけを伝えるんじゃない。自分の伝えたい内容を太鼓を使って表現していくっていうことなんで。そのひとつに部落っていうのがある。それぐらいふわっとしてるというか、ぎゅっと固まってない方が、僕はやりやすい。部落問題に興味があって、なおかつ太鼓をやりたい子は、少ないですもん」

部落問題に関する知識や体験が、ないわけではない。だが、それを語るのに、機が熟していないという。父親の康一は「部落と太鼓の関係と、自分と太鼓の関係をしっかり押さえなあかん」と力説する。木でいえば、根である。朋樹にとって部落問題は、自分を構成する要素のひとつでしかない。いくつかあるうちの幹か枝のひとつであろうか。

世代や経験によって、ふたりの部落問題の比重は異なる。ただ、重要な要素であるという認識は一致している。

朋樹が沖縄から帰ってきてから、北芝で太鼓を教えたふたりが、大分と奈良に本拠地を置く、ふたつの太鼓集団でプロの演奏家として活躍している。ひとりは北芝の出身で、もうひとりは近隣から通っていた若者である。

「ふたりはプロになりたいっていう話をずっと僕にしてた。僕は『厳しいし、しんどいから、絶対行かんほうがええで』って言ってたんですよ。ふたりともプロに応募したことを僕に言わずに履歴書を送って、テストを受けて合格したのをあとになって知った。テストを受けるって言うたら反対されるのをわかってるから、言わんかったんでしょうね。僕はそれでいいと思ってるんですよ。僕に言われて受けるのをやめるぐらいやったら、プロを続けるのは絶対無理やから。プロで勝負したいということは全然止めるべきことではない。行くと決まったんやったら『頑張って行っておいで』って送り出すしかない。でも、そうやってプロになる子が出てきてるのは、自分でもちょっと面白いなと思ってます」

一〇代半ばで太鼓に惚れ、意を決して沖縄に渡った朋樹が、ふるさとに帰り、今度は後輩を送り出す側になっている。

北芝の部落解放運動は、世代を超え、形を変えながらも受け継がれている。

†北芝第三章の始まり

支部が結成され、同対事業が始まった一九六九年（昭和四四）でさえ、部落解放運動に否定的だった住民が多かった北芝だが、いまや暮らしづくりネットワークが進めるさまざまな取り組みや、パーソナル・サポート事業などの先進的な取り組みが評価され、全国から視察が絶えない。

だが、北芝の解放運動と街づくりを牽引してきたリーダーのひとりである井上勉は、現状に満足していない。

「今ある北芝は、九〇年代から二〇〇〇年代の初めごろに、僕らが発想したことが形になってるんじゃないかと思ってるんですね。でも、それはもう古い。これからの一〇年は、若い世代、新しい人たちが、新しい物語をつくっていってほしい。

次の世代をつくるときに、僕らは肥やしにならんとあかんと思うんですけど、やっぱり生臭くてね。まだ肥やしになれない。ついつい口出ししたくなるんですよね。だけど、次の状況は僕らが絶対つくれないという自覚を持たなあかん。ネットワーク型の組織であるとか、多様性であるとか、自分たちはそんなことは全然できずにきた。僕らが無理をしだすと、縦の組織を横にしただけやのに、横断型やとか言い出しかねない。それは僕らがやることではなくて、若いメンバーがつくりだしていかなあかんのちゃうかな」

井上らがつくりあげた出入り自由の北芝は、古い人が去り、新しい人が根付き、いったん出た人がまた戻ってくる、新陳代謝の激しい解放区である。

被差別という歴史を隠し味にした街づくりは、新しい人たちによって、新しい物語が書き足されるに違いない。

あとがき

被差別部落は、差別があるゆえに残ってきた。反差別運動やそれに歩調を合わせた行政や教育もまた、存置させる方向で動いてきたことは、本文で述べた通りである。

二〇〇二年(平成一四)に同和対策事業の関連法が失効すると、行政や教育は潮が引くように存置路線から撤退を始めた。それはそれで当然なのだが、その手際のよさは、見事と言うしかなかった。

たとえば大阪市は、部落解放運動の拠点であった施設を次々と閉鎖した。それを指示した橋下徹前市長は、次のように語っている。

「いわゆる被差別部落の問題をひとつひとつ解決していこうと思えば、役割を終えたものはできる限りなくし、普通の地域にしていくのが僕の手法。これからの時代、あのような形でハードを残す必要ない。むしろ残してはいけないと思っている」(『産経新聞』二〇一二年六月二五日)

部落解放運動と同和行政の跡形をなくしてしまおう、というのが橋下氏の考えである。いかにも彼らしい発想ではある。かくして大阪市内の部落にあった市民交流センター（旧人権文化センター・解放会館）の土地や建物は売却され、民間住宅が建ったり、商業施設に転用されたりしている。青少年センターなどの関連施設も、同様である。

だが、橋下氏が言うように、そこが〈普通の地域〉になったわけでは必ずしもない。法律が終了した、事業が終わった、風景が変わったというだけで、そう簡単に歴史が風化するわけではない。かつてあったものを、なかったことにするのは、容易ではないのだ。

情報化社会の到来で、部落の情報があふれかえっている。部落をなくそうとする動きよりも、残そうとする勢力が凌駕しているかのようである。部落問題の〝これから〟がどうなろうと、私が部落出身者であることは変わらない。それを誇るつもりは毛頭ないが、劣等感を持たないようにだけは気をつけたい。どちらにしても、歴史を無化することはできない。それを背負った上で〝これから〟を考えるしかない。

部落差別は、なくさなければならない。しかし、その営為は、必ず部落を残すことを伴う。要はどんな部落を残すかが重要であろう。

被差別部落は、反差別運動の中で得た発想や経験を資源に、社会に貢献できるのではないか。第四章で紹介した大阪・北芝の取り組みがその一例である。部落解放運動のノウハウが、市内全域あるいは全国的に通用するのである。被差別や反差別、同和対策事業の歴史を消去することはできない。むしろそれを有効利用することで社会に寄与できるなら、部落は残すべきであろう。

そのような地域を「被差別部落」と呼ぶのは時代遅れだ。地域によっては「おもしろ共同体」に変えてもいい。被差別の歴史を持ちながら、さまざまな取り組みをおこなう、新しい地域の誕生である。

そもそも北芝を取材しようと思ったのは、四章の後半に登場する池谷啓介さんの話を聞いたことがきっかけだった。数年前に大阪市内でおこなわれた学習会で、彼がゲストスピーカーとして、北芝の取り組みを発表した。北芝の先輩たちが、部落と部落外の中間をつくろうとしたというエピソードを聞いた私は「おもしろい発想する人がいるんやなあ」と感心した。

それまでに私は北芝を訪ねたことはあった。おもしろそうな部落であることは、すぐにわかったが、どんな発想で街づくりを進めてきたのかまでは知らなかった。ユニークな発想をする活動家の存在と同時に、それを伝えているのが、東京出身の部落問題をほとんど知らなかった池谷さんであったことも、おもしろいと思った。部落解放運動を担うのは、部落出身者だけではないのだ。

「解放運動がやってきたことはすごいんですよ」「部落を隠してもしょうがないんじゃないですか」「太鼓は世界に通用する文化ですよ」

アジアやアフリカなどの第三世界で住民運動を経験してきた池谷さんがそう語る。気がつけば、いつの間にか私も、北芝おもしろ共同体の一員になっていた。

ちなみに北芝の取材でお世話になった方々は、すべて実名である。地名や名前をふせることが当たり前になりつつある部落問題報道では、稀有なことであろう。その心意気に敬意を表したい。名前は挙げないが、他の章でも実名で取材に協力していただいた方々にも深謝したい。

四章で構成される本書の第一章「被差別部落一五〇年史」と第四章「被差別部落の未来」は書き下ろしである。第二章「メディアと出自――『週刊朝日』問題から見えてきたもの」は、ある編集者の求めに応じて書いた原稿だが、さまざまな事情で出版されなかった。そのため私のブログ『五十の手習い』に掲載したが、転載にするにあたり、かなりの量を加筆した。第三章「映画『にくのひと』は、なぜ上映されなかったのか」は、本文でも記したように『週刊金曜日』に掲載された記事であるが、これも大幅に加筆した。二、三章とも、実質的には書き下ろしと言ってもいい。

通常、新書は、一〇章前後で構成されることが多い。ところが本章は四章のみの〝変形〟である。加えて、章によって分量がまったく異なる〝超変形〟になってしまった。

本書の担当編集者の橋本陽介さんから、「被差別部落の現代史を」という依頼を受けたのは、思い出せないほど、ずいぶん昔である。その能力がないので一度はお断りしたが、結果的にはそれを含めた内容になった。

何よりも若い編集者が、敬遠しがちな部落問題に関心を持っていることが嬉しかった。これで橋本さんも、おもしろ共同体の一員である。なんといっても、それを世に出した生みの親なのだから。

二〇一六年五月

著者

主要参考文献

第一章

『部落解放史　熱と光を　中巻』部落解放研究所編、解放出版社、一九八九年
『同　下巻』同
『これでなっとく！　部落の歴史——続私のダイガク講座』上杉聰、解放出版社、二〇一〇年
『日本近代と部落問題』領家穣編著、明石書店、一九九六年
『部落問題・人権事典』部落解放・人権研究所編、解放出版社、二〇〇一年
『部落《むら》を襲った一揆』上杉聰、解放出版社、一九九三年
『つくりかえられる徴《しるし》　日本近代・被差別部落・マイノリティ』黒川みどり、解放出版社、二〇〇四年
『人権歴史年表』上田正昭、山川出版社、一九九九年
『証言・全国水平社』福田雅子、日本放送出版協会、一九八五年
『水平社宣言の熱と光』朝治武・守安敏司編、解放出版社、二〇一二年
『兵庫県水平運動史料集成』兵庫部落解放研究所編、部落解放同盟兵庫県連合会、二〇〇二年
『人権歴史マップ　播磨版』ひょうご部落解放・人権研究所、二〇〇九年
『同和行政の理論と実際』部落問題研究所編、同研究所出版部、一九七一年
『図説　今日の部落差別　第2版　各地の実態調査結果より』部落解放研究所編、解放出版社、一九九三年

『部落解放を考える　差別の現在と解放への探求』友永健三、解放出版社、二〇一五年
『終わってはいない「部落地名総鑑」事件』部落解放同盟中央本部編、解放出版社、一九九五年
『部落解放運動の歩み100項』部落解放・人権研究所編、解放出版社、二〇一一年
『全国のあいつぐ差別事件　1990年度版』部落解放基本法制定要求国民運動中央実行委員会編・発行、一九九〇年
『同　1998年度版』同、一九九八年
『同　2007年度版』部落解放・人権確立要求中央実行委員会編・発行、二〇〇七年
『同　2008年度版』同、二〇〇八年
『同　2009年度版』同、二〇〇九年
『同　2010年度版』同、二〇一〇年
『部落ってどこ？　部落民ってだれ？』鳥取ループ・三品純、示現舎、二〇一一年

第二章

「ハシシタ　奴の本性」佐野眞一＋本誌取材班、『週刊朝日』二〇一二年一〇月二六日号、朝日新聞出版
『ノンフィクションは死なない』佐野眞一、イースト・プレス、二〇一四年
『あんぽん　孫正義伝』佐野眞一、小学館、二〇一二年
『別海から来た女　木嶋佳苗　悪魔祓いの百日裁判』佐野眞一、講談社、二〇一二年
『橋下徹府知事と大阪維新の深い闇』一ノ宮美成＋グループ・K21、『別冊宝島Real076　平成日本タブー大全2008』宝島社、二〇〇八年
「「2万パーセント放言弁護士」橋下徹氏　中学時代の［同和教育］感想文」『FLASH』二〇〇八年一月八・一

五日号、光文社
「「橋下徹と部落差別」　同和対策事業終結の迷走」森功、『週刊ポスト』二〇〇九年一二月二五日号、小学館
「橋下「日本維新の会」の深い闇」一ノ宮美成＋グループ・K21、宝島SUGOI文庫、宝島社、二〇一三年
「橋下徹知事「スキンヘッド叔父」の公共工事受注額が2倍に！」森功、『週刊ポスト』二〇一〇年四月二日号
「母が明かした「家族」と「同和体験」」森功、『週刊ポスト』二〇一〇年八月一三日号
「本格評伝　同和と橋下徹」森功、『g2　vol．6』講談社、二〇一〇年
「佐野眞一「盗用」問題とノンフィクションの現状」元木昌彦、森功、今西憲之、『創』二〇一三年七月号
「孤独なポピュリストの原点」上原善広、『新潮45』二〇一一年一一月号、新潮社
「『橋下徹出自報道』のどこが問題なのか」上原善広、『新潮45』二〇一二年一二月号
「「同和」「暴力団」の渦に呑まれた独裁者「橋下知事」出生の秘密」『週刊新潮』二〇一一年一一月三日号、新潮社
「暴力団組員だった父はガス管をくわえて自殺　橋下徹42歳　書かれなかった「血脈」」『週刊文春』二〇一一年一一月三日号、文藝春秋
「瞬発力とご都合主義の扇動者！　カメレオン「橋下徹知事」変節の半生」『週刊新潮』二〇一一年一一月一〇日号、新潮社
『古事ことわざ・慣用句辞典』三省堂編修所編、三省堂、一九九九年
「橋下徹　黒い報告書」森功、『文藝春秋』二〇一一年一二月号

『全国のあいつぐ差別事件　2012年度版』部落解放・人権政策確立要求中央実行委員会編・発行、二〇一二年
「沖縄に〝亡命〟したい」佐野眞一、『ちくま』二〇一三年一月号、筑摩書房
「『週刊朝日』連載中止　今だから敢えて言う」佐野眞一、『創』二〇一三年一月号、創出版
「被差別部落の地名を言明すること　『週刊朝日』連載「ハシシタ」打ち切りをめぐる政治」廣岡浄進、『差別とアイデンティティ』畑中敏之・朝治武・内田龍史編、阿吽社、二〇一三年
『野中広務　差別と権力』魚住昭、講談社、二〇〇四年
「『週刊朝日』問題の本質」角岡伸彦、『週刊金曜日』二〇一二年一一月一六日号、金曜日

第三章
『にくのひと』満若勇咲監督、大阪芸術大学記録映像コース2008年度作品、非売品
「大学生、屠場を撮る」角岡伸彦『とことん！　部落問題』講談社、二〇〇九年
「映画『にくのひと』は、なぜ上映されなかったのか」角岡伸彦、『週刊金曜日』二〇一四年五月九日号、金曜日
「「にくのひと」企画・制作・撮影をして」満若勇咲、『部落解放・人権入門2009　第39回部落解放・人権夏期講座 報告書』解放出版社、二〇〇九年
「作業する人がいなければ、肉は食べられません」中尾政国、同
「ドキュメンタリー映画『にくのひと』から屠場差別を考える」角岡伸彦・満若勇咲、出版・人権差別問題懇談会、二〇〇九年

第四章

『血涙の道標　さああとひとふんばりや』北芝支部結成二〇周年記念誌編集委員会、一九八九年
『きょうだい「むら」のとしよりたち』北芝支部結成十五周年記念誌発行委員会、一九八四年
『温故知新　北芝支部歴史資料館＆未来絵巻』部落解放同盟大阪府連合会北芝支部、二〇〇九年
『大阪・北芝まんだら物語』北芝まんだらくらぶ編、明石書店、二〇一一年
「座談会　部落のまちづくりと住民、プランナー・研究者　内田雄造氏を追悼して」大谷英人、山本義彦、池谷啓介、西村憲一、『明日を拓く』第91・92号、東日本部落解放研究所、二〇一一年
『ゆっくりとラジカルに　内田雄造追悼文集』内田雄造先生追悼文集世話人会一同・刊行委員会一同、二〇一一年

この他、朝日・産経・毎日・読売の各新聞の関連記事（デジタル版を含む）や鳥取ループ、上原善広、ヤフー知恵袋などのウェブサイトを参考にした。

ちくま新書
1190

ふしぎな部落問題《ぶらくもんだい》

二〇一六年六月一〇日 第一刷発行
二〇二二年一〇月一五日 第四刷発行

著者 角岡伸彦（かどおか・のぶひこ）

発行者 喜入冬子
発行所 株式会社 筑摩書房
東京都台東区蔵前二-五-三 郵便番号一一一-八七五五
電話番号〇三-五六八七-二六〇一（代表）
装幀者 間村俊一
印刷・製本 三松堂印刷 株式会社

ISBN978-4-480-06896-5 C0236

ちくま新書

1131
部落解放同盟「糾弾」史
――メディアと差別表現
小林健治
悪意をむき出しにした差別事件がくり返され、いっそう激しさを増している。部落解放運動の生命線である糾弾の意義を問い直し、反差別運動再生へ狼煙を上げる。

939
タブーの正体!
――マスコミが「あのこと」に触れない理由
川端幹人
電力会社から人気タレント、皇室タブーまで、マスコミ各社が過剰な自己規制に走ってしまうのはなぜか?『噂の眞相』元副編集長がそのメカニズムに鋭く迫る!

937
階級都市
――格差が街を侵食する
橋本健二
街には格差があふれている。古くは「山の手」「下町」と身分によって分断されていたが、現在もその構図は変わっていない。宿命づけられた階級都市のリアルに迫る。

853
地域再生の罠
――なぜ市民と地方は豊かになれないのか?
久繁哲之介
活性化は間違いだらけだ! 多くは専門家らが独善的に行う施策にすぎず、そのために衰退は深まっている。このカラクリを暴き、市民のための地域再生を示す。

659
現代の貧困
――ワーキングプア/ホームレス/生活保護
岩田正美
貧困は人々の人格も、家族も、希望も、やすやすと打ち砕く。この国で今、そうした貧困に苦しむのは「不利な人々」ばかりだ。なぜ? 処方箋は? をトータルに描く。

941
限界集落の真実
――過疎の村は消えるか?
山下祐介
「限界集落はどこも消滅寸前」は嘘である。危機を煽り立てるだけの報道や、カネによる解決に終始する政府の過疎対策の誤りを正し、真の地域再生とは何かを考える。

800
コミュニティを問いなおす
――つながり・都市・日本社会の未来
広井良典
高度成長を支えた古い共同体が崩れ、個人の社会的孤立が深刻化する日本。人々の「つながり」をいかに築き直すかが最大の課題だ。幸福な生の基盤を根っこから問う。